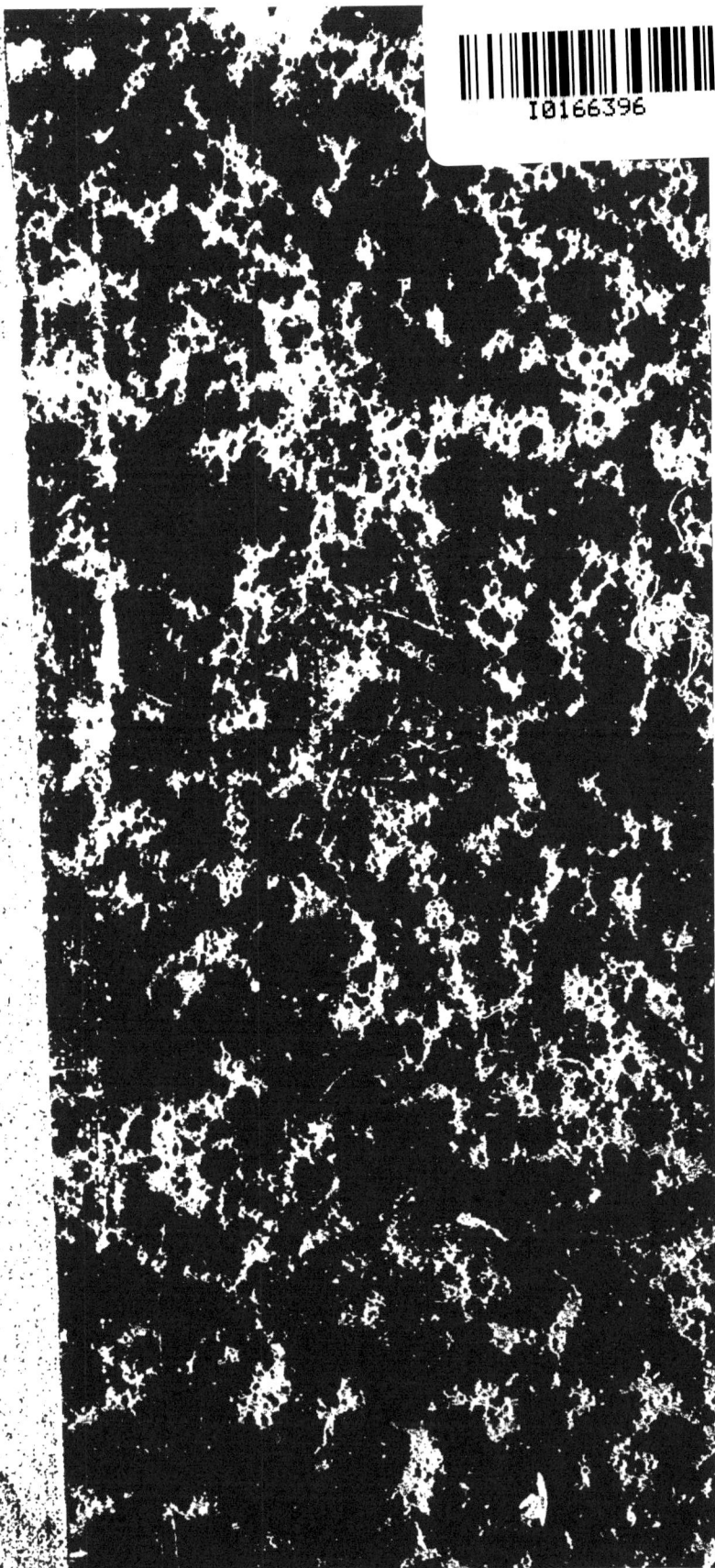

EXCURSIONS
AUX
ENVIRONS D'AIX

PUBLIÉES

PAR A. M. DE LA TOUR - KEYRIÉ

Avec le concours de plusieurs Collaborateurs

THOLONET — PINCHINATS
SAINT-MAXIMIN ET LA SAINTE-BAUME
ENTREMONT ET PUY-RICARD
N.-D. DES ANGES
ST-JEAN DE LA SALLE — STE-VICTOIRE
LES FIGONS ET SAINT-MITRE
ST-MARC — LA BARBEN — ST-ANTONIN
FONTAINE-L'ÉVÊQUE — ROQUEFAVOUR
SILVACANE ET SAINT-CHRISTOPHE

Prix: 1 fr. 25

AIX
ACHILLE MAKAIRE, IMPRIMEUR - LIBRAIRE
2, rue Thiers, 2

1890

EXCURSIONS

AUX

ENVIRONS D'AIX

III

En vente à la librairie A. Makaire, 2, rue Thiers

AIX ET SES ENVIRONS

EXCURSIONS

AUX

ENVIRONS D'AIX

PUBLIÉES

PAR A. M. DE LA TOUR - KEYRIÉ

Avec le concours de plusieurs Collaborateurs

THOLONET — PINCHINATS
SAINT-MAXIMIN ET LA SAINTE-BAUME
ENTREMONT ET PUY-RICARD
N.-D. DES ANGES
ST-JEAN DE LA SALLE — STE-VICTOIRE
LES FIGONS ET SAINT-MITRE
ST-MARC — LA BARBEN — ST-ANTONIN
FONTAINE-L'ÉVÊQUE — ROQUEFAVOUR
SILVACANE ET SAINT-CHRISTOPHE

Prix : 1 fr. 25

AIX

ACHILLE MAKAIRE, IMPRIMEUR - LIBRAIRE

2, rue Thiers, 2

1890

EXCURSION D'AIX

AU THOLONET

—

Parmi les lieux pittoresques qui ont le privilège d'attirer les promeneurs, le **Tholonet** doit-être placé en première ligne. On se rend à cette localité située à peu de distance d'Aix par deux chemins offrant chacun un attrait différent. Une heure suffit pour arriver en face du Château ; le trajet se fait en voiture par la grand'route ou à pied par le petit chemin.

Nous allons décrire sommairement l'itinéraire par la grand'route :

En quittant l'intérieur de la ville, le touriste remarquera au *cours Ste-Anne* la **caserne d'Italie**, pouvant loger un régiment de soldats. L'entrée est surmontée d'un médaillon aux armes de France, recouvert par une poignée de plâtre, qu'il serait très facile de faire disparaitre sans dégrader la sculpture. Construits aux frais de la ville en 1727, les bâtiments qui n'avaient qu'un étage en eûrent deux en 1776 et depuis ; cette caserne a reçu des améliorations nombreuses. À peine sorti des allées de platanes de ce cours, on remarque en outre des maisons de plaisance telles que la *villa Désirée* et autres bordant le chemin, un antique pigeonnier dont la forme ainsi que la teinte imprimée par le temps attirent les regards, et qu'on nomme la **tour d'Aygosi ;** elle est entourée de terrasses et de construction diverses qui lui donnent un aspect des plus pittoresques. Bâtie sur un rocher que les anciens actes nomment *Rocca sana*, elle prend son nom de son ancien propriétaire, dont la famille a fourni plusieurs consuls à la ville d'Aix ; sa construction paraît remonter au XIVᵐᵉ Siècle ; elle est un signe de féodalité car les seigneurs seuls avaient le droit d'élever des tours, les tenanciers ne pouvaient en posséder ; les abbés usaient de ce même droit qui était du reste soumis à l'autorisation du suzerain.

La forme singulière de ce pigeonnier a été reproduite par un grand nombre de paysagistes.

Du même côté la campagne de M. Bœuf ; vis-à-vis le château des Tourettes appartenant à M. Reybaud, et un moulin à vent en ruines forment un groupe curieux.

En quittant le ruisseau de la *Torse*, le touriste laisse à sa droite le grand viaduc en courbe qui relie les deux côtés de la rivière pour le chemin de fer d'Aix à Marseille, ainsi que le grand bâtiment des Infirmeries qui fut une des résidences du roi René transformée en hôpital pendant la peste de 1720. La pittoresque chaîne du Montaiguet se montre là dans une bonne partie de son étendue ; on aperçoit même le vallon de *Chicalon* dans lequel, feu M. le chanoine Barthélemy a fait ériger un oratoire en l'honneur du séjour de S. Labre dans ce lieu. Sur les bords de l'Arc le pont des Trois-Sautets, ainsi nommé parcequ'avant sa construction il fallait sauter trois fois le cours d'eau pour franchir la rive opposée. Les trois grandes dalles qui servaient à cet usage sont encore visibles. Tout à côté le *Moulin fort* et peu après le *pont des Chandelles,* ainsi nommé parceque pendant l'hiver l'eau qui suinte se gèle et forme alors des chandelles de glace ; à gauche à mi-côte la villa de M. Mille, enfin le quartier de *Palette* composé de quelques maisons bordant la route terminent le grand chemin ; c'est à ce point que l'on prend à gauche le chemin du Tholonet et on ne tarde pas à voir le ruisseau des Infernets consacré à l'industrie des lessiveuses de cette localité. Un petit mamelon composé de dix maisons formant le hameau des Artauds précède la grande avenue du Tholonet à l'extrémité de laquelle se trouve le château, et c'est là que le touriste descend de voiture.

Le château formé de trois corps de logis est situé au midi ; on y arrive par quelques escaliers ; à droite la salle de spectacle, à gauche des salles diverses. La construction dans son ensemble n'a rien d'architectural, mais on devine facilement qu'on est en présence d'un des plus grands châteaux de Provence.

C'est sous les majestueux ombrages de cette résidence et sous la grande avenue de platanes dont nous avons parlé que tout Aix se rend le jour de la fête locale au commencement du mois de mai (Invention de la Ste Croix). La beauté du lieu n'a pas peu contribué à maintenir cette fête en honneur auprès des habitants d'Aix.

Le château du Tholonet appartient à la famille de Gallifet. Avant la Révolution, les propriétaires qui avaient le titre de seigneurs du Tholonet recevaient l'aristocratie aixoise ; on y jouait la comédie ; une aile du bâtiment conserve encore aujourd'hui les débris de la salle de théâtre. Mais les trois derniers descendants de ce nom ayant suivi la carrière des armes, le château a été peu à peu abandonné et l'état de délabrement extérieur indique qu'il n'offre plus à l'intérieur le moindre attrait au touriste. Plus un seul meuble ne l'orne, pas la plus petite trace d'une splendeur passée ; seules les armoiries de la famille avec la légende *bien faire et laisser dire* restent dans le vestibule.

Les alentours du château sont dans un état déplorable. Les fontaines, les ornements divers ont disparu ; c'est à peine si ceux qui l'ont vu, il y a 50 ans, reconnaissent là l'ancien château du Tholonet. Il ne reste d'admirable que ce que la nature a fait ; adossé à d'immenses rochers, le château à un caractère spécial.

Après avoir parcouru dans tous les sens les abords du château, le touriste passera par une brèche et se trouvera en présence de la nature la plus sauvage que l'on puisse rêver. C'est le lieu que choisissaient autrefois les duellistes d'Aix lorsqu'ils se battaient et les colines resserrées dans lesquelles on se trouve ont vu jadis couler bien du sang. Comme constrate de la nature sauvage, on a à sa droite un chef-d'œuvre d'industrie et d'audace des Romains ; c'est un mur

encore conservé formant jadis barrage pour retenir les
eaux qui s'échappent aujourd'hui par la brêche et se jettent
dans le ruisseau des Infernets. Les amateurs de la nature
pittoresque remonteront ce ruisseau et pourront contempler
un site vraiment romantique.

Plus loin se trouvent les carrières d'un marbre, nommé
marbre du Tholonet et qui n'a pas son pareil en couleurs
variées. Bien des cheminées en Provence ont été faites de
ce marbre et ce n'est pas là leur moindre beau côté. La
scierie dudit marbre que l'on aura remarquée en se prome-
nant permet de voir le marbre tout poli et d'en contempler
la beauté.

En dehors des terres de Galliffet formant en grande partie le territoire du Tholonet, la propriété se divise à l'infini. On y voit peu de grands tènements ; chaque paysan
enrichi par l'industrie du blanchissage a son lopin de
terre, qu'il cultive, (il faut le reconnaître) assez mal, étranger à tous les progrès actuels et esclave de la routine, ne
faisant ni plus ni moins que ses devanciers. On peut dire
à sa décharge, que ses vignes étant à peu près détruites et
l'eau lui faisant défaut, il ne lui reste pour toute ressource
que la culture des céréales dont on sait le modeste résultat. Heureusement les femmes du pays , sont d'habiles
blanchisseuses, rudes ouvrières dont le travail rétablit
l'équilibre dans toutes les familles.

Le Tholonet a perdu aujourd'hui une grande partie de
ses beautés légendaires. Les collines étant déboisées, les
pluies ont été de plus en plus rares ; d'ailleurs dans tous
les temps les pics élevés de Ste-Victoire ont arrêté et divisé
les nuages venant de l'est. Ceux-ci fuient à droite et à
gauche sans s'inquiéter du Tholonet qu'ils n'arrosent presque jamais, et la végétation ne peut que subir les conséquences de cette fâcheuse situation météorologique.

Cependant le pays n'est pas tellement dépourvu qu'il
n'y ait rien à faire pour le touriste en quête de points de
vue et celui qui se dirigera vers le plateau qui domine le

barrage Zola, franchissant une première enceinte de montagnes au-dessus du cimetière, traversant un vallon pittoresque et remontant vers le nord jusqu'à la rencontre du lac créé par le barrage, n'aura pas perdu son temps et sera bien dédommagé des fatigues de son excursion ; surtout s'il a eu l'heureuse chance d'arriver là après une pluie exceptionnelle et inattendue, quand les eaux du barrage débordent en cascade emportées vers la **petite mer** et donnant à la *Cause* un véritable aspect de rivière sérieuse.

Les habitations de plaisance ne sont pas nombreuses au Tholonet. En allant de l'est à l'ouest on voit à côté de l'église le jardin de M. Caillat, on salue un peu plus loin, au début d'un sentier conduisant au couvent des Jésuites, une ferme modeste, possédée il y a peu de temps encore par les sœurs du cardinal Guibert, archevêque de Paris ; à gauche une assez belle maison autrefois la propriété de M. Roux-Martin. C'est-là que sous l'Empire et la Restauration la jeunesse d'Aix recevait une gracieuse hospitalité, elle venait y applaudir la musique du châtelain et se brûler aux beaux yeux de ses filles qui ont laissé une réputation incontestable de grâce et de beauté hors ligne. M. Thiers et son inséparable ami, M. Mignet étaient les habitués de cette demeure hospitalière ; elle est devenue plus tard la propriété de M. le président Rolland. Ce magistrat s'y est délassé longtemps des soucis et des fatigues de l'audience en cultivant avec le plus grand succès les plantes tropicales. M. Rolland est, on le sait, un botaniste du plus grand mérite. On rencontre à la suite, les propriétés presque abandonnées de M. Vieil et de M. Fouilloux. Ce dernier mourut, il y a peu d'années, en laissant inachevée une vaste reconstruction commencée, il y au moins quarante ans ; les travaux sont aujourd'hui complètement délaissés et passent insensiblement à l'état de ruines. Au dessous c'est M. Bret ; celui-ci a créé dans sa montagne, avec un gout exquis, des promenades pittoresques et des allées bordées de pins

appartenant aux essences les plus rares et les plus orne-
mentales.

C'est ici le moment de parler d'une propriété entièrement
close de mur, elle se nomme **St-Joseph** et appartient aux
RR. PP. Jésuites.

Par une ironie singulière du hasard, cette belle maison
de campagne était possédée vers le milieu du XVIIIᵐᵉ Siècle
par le fameux procureur-général au Parlement d'Aix,
M. de Monclar, dont la rue qui borde la façade méridionale
du Palais de Justice porte aujourd'hui le nom. C'est sous
un pin magnifique, planté auprès de cette maison de campagne et encore debout, que fut élaboré le réquisitoire de
Monclar tendant à la suppression de la Compagnie de
Jésus. C'est là que furent prises et signées les conclusions,
qui aboutirent à l'arrêt du Parlement par lequel les Jésuites
furent expulsés en 1763. Qui eût dit au farouche ennemi
des fils de Loyola que, moins d'un siècle après, sa belle
résidence du Tholonet appartiendrait aux proscrits de son
réquisitoire et que les héritiers de ses victimes jouiraient
de la propriété de leur persécuteur ?

La résidence de St-Joseph, étayée au midi sur la vallée
de l'Arc, est ornée de belles allées d'où l'on jouit d'une
vue magnifique. Le corps de logis assez vaste est bien bâti
mais n'offre rien de remarquable. A quelque distance à l'est
et au milieu des pins, se dresse une jolie église au fronton
de laquelle on lit ces mots : *Alma domus Lauretana*. En
effet, comme à Lorette, l'édifice principal sert d'enveloppe
à une imitation très-fidèle de la *Santa Casa* qu'on aperçoit
derrière l'autel majeur.

Maison de campagne des RR. PP. Jésuites, St-Joseph
est aussi le but des pèlerinages que font de temps en temps
les diverses œuvres qu'ils dirigent et un centre des retrai-
tes pour les hommes.

Le versant opposé est plus pauvre en résidences de luxe
et la rive gauche de la *Cause* de compte guère en ce genre
que la villa de M. Vaillant en face des Artauds et plus à

l'est, en remontant la rivière, la Brunette, résidence de M. Brunet, irrégulière, accidentée, allant de la *Cause* qui la baigne au nord, aux collines boisées qui la surmontent. On y trouve un luxe rare de fleurs et d'ombrages et dans un temps où les arbres sont abattus sans pitié pour faire place à de chétives moissons, on est heureux de retrouver quelques uns de ces beaux arbres et surtout de ces chênes séculaires qui firent dans d'autres temps la gloire du Tholonet et ne sont plus aujourd'hui qu'un souvenir. Nous avons déjà dit que le général marquis de Galliffet se montre bien indifférent au lieu de sa naissance, au château patrimonial. Les intérêts et l'avenir qui le préoccupent appartiennent à un ordre de choses bien différent et on ne saurait lui en vouloir d'avoir permis la destruction ou tout au moins la mutilation d'un paysage qu'il a oublié depuis bien des années. Malheureusement l'exemple venu de haut a eu des conséquences fâcheuses et il y a bien peu de propriétaires qui aient conservé leurs bois.

La Brunette s'est procuré une eau abondante, qu'une canalisation de deux kilomètres lui amène du barrage Zola, elle possède une serre bien entretenue, à mi-côteau une habitation confortable où l'on trouve quelques objets d'art et une fort belle bibliothèque. On dit encore que le châtelain a interdit toute chasse dans son domaine où le poste à feu traditionnel brille par son absence. A l'abri des coups de fusil, les oiseaux chanteurs pullulent dans ces lieux hospitaliers et y apportent beaucoup de charme et d'animation. C'est là que le propriétaire actuel, M. Brunet, en vrai philosophe achève sa vie, vouée au culte des fleurs, des chevaux et des livres.

Le pays attend aujourd'hui avec impatience que l'administration du Canal du Verdon lui fasse l'aumône de quelques gouttes d'eau. Ce serait pour lui une renaissance et un retour aux gloires passées. On se demande pourquoi la municipalité d'Aix, propriétaire du Barrage Zola, ne l'utilise pas comme bassin d'épuration. Elle aurait là sans frais et gratis quelque chose de semblable aux bassins de

Réaltor et de St-Christophe, dont la construction allège de beaucoup de millions les finances marseillaises.

Le Tho' ... ... une commune de l'arrondissement d'Aix, sa popul... st .'environ 500 habitants.

Son églis... *p*roissiale a été inaugurée le 27 novembre 1780 sur un emplacement qu'on nomme l'*Aire du Rouge*. Elle remplace l'ancienne église qui était autrefois devant le château et qui menaçait ruine, son édification est dûe à M. le marquis Alexandre-Simon de Gallifet. Les objets d'arts à signaler sont peu nombreux, cependant nous devons citer : la **chaire** en bois de noyer assez richement sculptée ayant appartenu à l'église de la Madeleine à Aix et provenant de la chapelle des Pères Dominicains. L'**autel principal** est de style bysantin remarquable par la variété des marbres qui le composent. Deux grands tableaux, représl'un la *Naissance de la Ste-Vierge* et l'autre *sa mort,* don de la famille Tempier.

Nous avons déjà dit que le *patron de la paroisse* était l'*Invention de la Ste Croix* (le 3 mai), cette fête est célébrée dans tout le pays avec une grande solennité, les habitants chôment ce jour là comme aux grandes fêtes religieuses ; le *titulaire de l'église* c'est la *Transfiguration*.

La légende raconte que la fête profane ou *romérage* avait lieu autrefois le 3 mai et la fête religieuse était remise au dimanche suivant; à une époque indéterminée la grêle tomba le jour de la fête profane en aussi grande quantité qu'elle dévasta tout le pays. Les habitants du Tholonet virent là un avertissement du ciel et à dater de ce jour la fête religieuse fut célébrée le 3 mai et la fêtre profane remise au dimanche suivant.

EXCURSION D'AIX

AUX PINCHINATS

—

Cette fraiche et riante vallée s'ouvre au nord-ouest de la ville ; elle a reçu très probablement son nom d'une famille qui devait autrefois y être propriétaire et qui a laissé à Aix des souvenirs : la première chapelle de la nef Corpus Domini à St-Sauveur, fut en effet fondée en 1535 par le chanoine Honoré de Pinchinat. Sous les Romains le vallon des Pinchinats s'appelait *vallis Mariana*[1] ; au XVIIme Siècle on le désignait quelquefois sous le nom de *petit Sambuc*.

Le chemin, qui parcourt la vallée et que nous allons suivre, conduisait autrefois à Vauvenargues, au Sambuc, à Jouques et à Rians, mais aujourd'hui il s'arrête à la campagne appelée *Fouen dei Teoule*[2], à 6 kilomètres de la ville.

Aussitôt que nous quittons la route nationale n° 96 pour prendre le chemin des Pinchinats, nous apercevons dans le vallon à droite un **barrage en grosses pierres** que les Romains avaient construit, soit pour élever les eaux de la vallée à la hauteur du canal de Vauvenargues, soit pour préserver l'aqueduc de ce canal dont on trouve encore quelques ruines environ 200 mètres au dessous.

Ces constructions antiques ne sont pas les seules que nous devons rencontrer ; les Romains avaient su utiliser les eaux des Pinchinats, et de leur temps, une branche secondaire du canal de Jouques traversait la vallée. On dit même que les eaux si abondantes qui y jaillissent, sont aujourd'hui

1 Vallée de Marius.

2 Fontaine des tuiles.

2

les filtrations du canal romain, dont on aperçoit encore çà et là des regards [1] et des constructions ruinées.

Les cinq *moulins à farine,* que nous allons rencontrer, sont mis en mouvement par les eaux dont nous parlons : nous apercevons les trois premiers à notre droite, tandis que nous longeons à gauche un mur qui forme la clôture du **pavillon de l'Enfant.**

Cette agréable villa, plantée d'allées de tilleuls et de marronniers d'Inde sert aujourd'hui de but de promenade aux élèves du Grand-Séminaire. Il semble que les propriétaires successifs du Pavillon, se sont efforcés d'embellir de plus en plus ce charmant séjour. « Les l'Enfant, dit l'auteur des *Rues d'Aix* [2], ont figuré à Aix pendant les deux derniers siècles, par leur amour pour les arts et leur somptueuse protection envers les artistes, bien plus que par les charges honorables qu'ils ont occupées. »

Mgr de Bausset-Roquefort fit faire au pavillon de l'Enfant des réparations et une partie des embellissements qu'on y voit encore. Les MM. de St-Sulpice, qui dirigent le Grand-Séminaire, ont fait récemment construire une charmante chapelle gothique, dont M. Faillon, sulpicien et savant archéologue provençal, a tracé le plan. Les plafonds du pavillon sont ornés de peintures anciennes ; dans un des salons il y a une cheminée monumentale et un tableau représentant l'*Annonciation* et signé Finsonius. Dans le parc, outre la chapelle, nous signalerons le cimetière des Directeurs du G[d]-Séminaire où se trouve enseveli M. Dalga, supérieur des trois séminaires d'Aix, Marseille et Fréjus ; tout à côté on voit la tombe de M. Désobeau, considéré, par tous ceux qui l'ont connu, comme un véritable saint.

Après avoir visité le pavillon de l'Enfant, nous longeons le *vallon des Chanoines* qu'ombragent de magnifiques

1 Le puits de la campagne dite *les Platanes* est un ancien regard du canal de Jouques.

2 Roux-Alphéran. Tome 2.

chênes. On trouve rarement en Provence une aussi luxuriante végétation, on y voit plus rarement encore le coudrier qui se développe sans culture aux Pinchinats.

Laissant à droite le cinquième moulin et à gauche la campagne appelée « la Générale », nous apercevons, encore à gauche et au milieu des broussailles de la rive, l'ouverture d'un petit *canal romain* en pierres de tailles, puis nous passons sous le *pont des Pinchinats*.

Nous apercevons aussitôt le colombier seigneurial de la **Séguirane**, *le lavoir public des Pinchinats* et enfin les arbres magnifiques qui forment l'avenue du château des Séguiran. Cette famille aujourd'hui éteinte était celle des seigneurs de Vauvenargues, d'Auribeau et de Bouc ; elle avait fourni à la ville d'Aix une foule de personnages remarquables, parmi lesquels quatre présidents de la Cour des Comptes et un jésuite qui mourut évêque de Nevers en 1789. La Séguirane appartient actuellement à la famille Gautier, on y voit une chapelle malheureusement abandonnée.

Le précipice, qui borde la route à gauche, en face de la Séguirane, est appelé *le Saut des Dames*. Une voiture s'y précipita avec son élégante charge et le nom resta pour désigner le lieu et conserver le souvenir de l'accident.

Après la montée du Saut-des-Dames, la route traverse une propriété appelée l'**Espagnette**. A gauche nous voyons une belle prairie et à droite l'habitation et le portail de cette villa en ruine. Cette campagne appartient à la famille Billot. Lorsqu'éclata la Révo'ution de 1830, M. Billot, alors procureur du roi au Tribunal de première instance de Paris, accompagna la famille royale en exil ; il fut professeur de droit du comte de Chambord et a laissé plusieurs enfants qui administrent en Hongrie les propriétés de ce prince. Les MM. Billot n'habitent plus leur campagne des Pinchinats ; ils la conservent cependant comme un souvenir. Plusieurs membres de leur famille sont ense-

velis dans cette propriété où l'on peut visiter leur monument funèbre.

La route, après avoir longé l'Espagnette, fait un léger
coude vers la droite et aussitôt on aperçoit le portail de
Tournon devant lequel elle vient comme aboutir.

Près de ce portail la maison que l'on voit à droite, est
l'*école communale des garçons.* C'était autrefois l'église
paroissiale, comme l'indique encore un petit campanille
qui surmonte la toiture.

La bastide de forme carrée , qui domine la route du
même côté, appartient à la famille Alexis ; cette campagne
est fort connue dans le pays sous le nom de l' « Archevêque » : le fait est qu'un de ses propriétaires portait le
sobriquet d' « Achevêque de Bois ».

Il est d'ailleurs assez fréquent de rencontrer dans nos
campagnes de Provence des surnoms tous plus ou moins
plaisants ; aux Pinchinats il y a encore par exemple un
préfet, un maire, un curé qui ne parait jamais à l'église,
un canonnier. Les terres de Tournon et de Belui étaient
autrefois cultivées par une famille de « princes ». A côté
des dignités nous trouvons une vraie ménagerie : une agace
(pie), un gari (rat), un garrinet (petit rat), etc.

Puisque nous parlons des habitants du quartier des
Pinchinats, il nous faut nommer un des plus célèbres
d'entre eux : c'est M. Signoret qui habite près de la
Fouen–dei–Teoule ; sa salive a la singulière vertu de gué-
rir les taches des yeux : aussi de tous les environs d'Aix,
on lui amène des malades, qu'il traite *en leur crachant*
dans l'œil *(sic)* .

Vers le milieu du XVII^ms Siècle la famille Tournon possédait la belle propriété que nous allons maintenant visiter :

Les actes notariés attestent en effet que Pierre Tournon
était propriétaire en 1662 du domaine, auquel il a laissé son nom, et dont son fils André hérita en 1700.
André Tournon, avocat à Aix mourut en 1705 et donna par testament sa bastide aux écuyers de la ville de

Marseille, Estienne de Cornier et Joseph de Bègue, qui pour liquider une succession, paraît-il, embrouillée, finirent par vendre Tournon, en 1711 à Ambroise Hubert ; celui-ci eût pour successeur Louis Hubert, son fils, en 1720. Louis Hubert fut le véritable créateur de Tournon, car il commença de réunir à la propriété paternelle les parcelles de terre voisines.

En 1700, la superficie du sol de Tournon était divisée entre dix propriétaires [1]. Aujourd'hui si l'on excepte la « Gaudine » et deux autres morceaux peu importants, les vingt-trois parcelles, que l'on peut topographiquement distinguer autour du château, forment un seul domaine. Par des réunions successives, Hubert forma cette langue de terre, où se développe actuellement l'avenue du château.

Louis Hubert vendit en 1753 à Michel Richaud, qui contribua aussi à l'agrandissement et à l'embellissement de Tournon. Canalisation des eaux, construction d'élégantes fontaines, plantations, etc., etc., telles sont les œuvres de Richaud ; il fit aussi agrandir le corps de batisse, qui n'avait qu'un étage et deux fenêtres sur la façade : Tournon n'avait été jusque là qu'une bastide de très modeste apparence, par les soins de Richaud il devenait une agréable villa.

Richaud vendit en 1774 à Alexandre Reinaud, époux de Marguerite Chaudoin. Cette dame hérita de son mari, l'an V de la République et, l'an VIII, laissa par testament le domaine de Tournon à son neveu et à ses nièces, les Chaudoin. Ceux-ci vendirent à Bernard qui agrandit Tournon et y conduisit par un canal souterrain les eaux supérieures. Sa veuve qui lui succéda, comme tutrice de sa fille, continua l'œuvre de Bernard en réunissant à Tournon la terre dite de Canolle. En 1833 Mlle Bernard vendit sa propriété paternelle à Mme Audier Massillon, qui la laissa par testament à son neveu, M. Louis Bérage en 1837. M. Bérage fit pour Tournon plusieurs actes de bonne adminis-

---

1 Le sol est élevé de 86 mètres au-dessus du cours St-Louis à Aix.

tration ; il gagna un procès sur M. Billot relativement à une écluse que ce dernier avait construit en aval du vallon de Tournon.

Vers cette époque (1842) un ingénieur, M. Roux Sarrus, proposa au Conseil Municipal d'Aix de conduire les eaux de Tournon à la ville ; il s'engageait à trouver des sources assez abondantes pour subvenir aux besoins de la population. Ce projet n'eut pas de suite.

A la mort de M. le conseiller Bérage, sa veuve fut tutrice de sa fille, qui devenue plus tard Mᵐᵉ de St-Pons, vendit Tournon en 1858 à M. Lucas de Montigny.

Sous M. de Montigny, comme sous les Bérage, Tournon fut donné en location à l'Ecole des Arts-et-Métiers, qui y venait passer ses jours de congé ; d'autre part le lavoir était livré au public.

M. de Montigny fit faire des réparations au château, il fit construire des remises et des granges, mais il ne garda que cinq ans cette propriété : il la vendit le 12 août 1863 à M. Alphonse Tardif, ancien courtier à Marseille, grand ami des beaux-arts et de l'horticulture.

C'est lui, qui sur les plans du jardinier Despont de Marseille a fait mettre Tournon dans l'état actuel. Il fit ouvrir la grande allée, construire le portail, réparer le château ; il multiplia les promenades et les agréments de Tournon.

M. Tardif donna plusieurs fêtes publiques dans sa villa, soit à l'occasion du 8 septembre, jour de la Nativité de la Sainte Vierge, soit pour solemniser la distribution des prix de l'Ecole des Filles, soit pour honorer les amis qu'il recevait chez lui.

M. Tardif mourut à Tournon, le 7 septembre 1876, des suites d'un coup de foudre, dont il avait été frappé quelques jours auparavant. Sa famille possède encore le château de Tournon et se fait un honneur de l'entretenir et de l'embellir.

Le sol, sur lequel se trouve le portail de Tournon, s'appelle « la Cameronne » parcequ'en 1700, c'était la propriété du général Cameron. Après avoir laissé à droite la maison du garde, en avançant dans l'avenue (grande allée) nous apercevons à gauche un monument funèbre élevé par M. Tardif à la mémoire de ses parents.

Nous pouvons parcourir le bosquet qui se trouve à droite de l'avenue, ainsi que le petit bois de pins qu'on y trouve ; mais revenant dans la grande allée, nous continuons notre marche et nous ne tardons pas à voir se découvrir petit à petit la façade du château : elle a été ornée en 1867 de moulures au ciment. Dans l'intérieur du château il n'y a rien de remarquable, si l'on excepte un salon Louis XVI, dont la console a quelque valeur comme antiquité. En 1883 M⁰ʳ Forcade, archevêque d'Aix, en vertu d'un indult de Rome, accorda aux propriétaires de Tournon le privilège d'un oratoire privé. Cette chapelle est dans l'intérieur du château ; fort riche en reliques, elle est sous le vocable de S. Louis, roi de France, qui est considéré comme protecteur de Tournon. Il y a aussi dans cet oratoire, une réduction de la statue de S. Pierre du Vatican à Rome ; Notre Saint-Père le Pape Léon XIII a attaché des indulgences quotidiennes à cette image pour tous ceux qui la vénèrent.

Devant le château s'étend une vaste terrasse, ornée de deux fontaines Louis XVI : à cause de la pureté de leur style, elles ont mérité d'avoir des copies. Richaud les fit élever et y conduisit l'eau par un canal souterrain ; il fit aussi construire toute la partie ouest des bâtiments du château. Cela connu, il est facile d'expliquer, pourquoi la façade de Tournon est défectueuse dans ses proportions.

En nous dirigeant de ce côté du château nous apercevons un marronier séculaire ; il est à l'entrée d'une belle allée de platanes, qui va nous conduire au vallon de Tournon appelé « Grand-Rouvier ». A droite en descendant l'allée des platanes, nous voyons une salle verte, c'est la « salle de jeu ». En 1854, le choléra ayant éclaté en Provence, comme le nombre des personnes venues aux Pinchinats, était très considérable, pour éviter la contagion on crut devoir célébrer la Messe du dimanche sous les ombrages de Tournon : l'allée des platanes fut choisie à cet effet et l'autel était dressé devant la façade du château, où l'on aperçoit une Madone.

Dans le Grand-Rouvier nous trouvons une charmante promenade, des eaux fraîches et abondantes ; de l'autre côté de ce vallon une plantation de platanes promet dans l'avenir pour Tournon un agrément de plus. Après avoir parcouru le Grand-Rouvier du midi au nord, nous arrivons par une légère montée dans un jardin anglais « jardin neuf » dont les allées nous ramènent près du château après avoir traversé sur un pont le vallon dit « dei Casca-véou ¹ ». Passant sur la terrasse qui est au nord de l'habitation, nous sortons du parc après avoir laissé à notre droite les remises et la métairie.

Un chemin nous ramène sur le prolongement de la route, que nous avons quittée en entrant dans le parc de Tournon.

Sur la colline que nous avons en face de nous, se trouve une campagne : c'est la villa Pauline ; elle appartient à M. Imbert ; le coteau porte le nom de Beauregard ; il suffit de se rendre sur la terrasse de la villa de M. Imbert, pour comprendre combien est juste cette dénomination.

Voici tout le quartier des Pinchinats qui se développe devant nos yeux.

A droite nous avons les terres de la Drevetonne, appartenant à la famille Seymar et s'étendant jusqu'au pied de la tour de la Keirié. Roux-Alphéran, dans son ouvrage sur les *Rues d'Aix*, dit que le nom de cette tour est venu de ce que les enfants allaient autrefois s'y battre à coups de pierres, c'est ce que l'on appelle en provençal « s'enquey-rar ». Il est certain que la tour de la Keyrié n'est pas romaine et c'est par pure fantaisie qu'on la désigne quelquefois sous le nom de tour de César. Elle fut construite au XIVme Siècle par Louis Ier, grand-père du roi René,

---

1 « Des grelots », à cause du petit bruit que produisent les eaux en frappant les cailloux de ce vallon.

pour y faire des signaux et avertir ainsi de l'approche des brigands qui infestaient alors la Provence, *(Aix ancien et moderne).*

Au pied des collines de la Keyrié et à l'entrée d'une gorge très-pittoresque, nous voyons une campagne délicieuse par ses ombrages, c'est la propriété de la famille Meyer. Ses terres sont limitrophes avec celles de l'agréable villa de M. le conseiller Pontier. Au dessus de ces ombrages nous voyons les collines de Chauchardy et de la Fouendei-Teoule [1], où se trouvent les campagnes de Chamsaud, de St-Bonnet, de Tardioü, de Bellevue et de Caillat [2]. Puis continuant de parcourir l'horizon des yeux, tout en nous tournant vers la gauche, nous apercevons la Gaude, la Mignarde, le quartier de Belin, le grand aqueduc du canal du Verdon. Ce sont les collines de la Trévaresse et celles d'Entremont, qui forment les derniers plans du tableau de ce côté-là. Au fond de la vallée se trouvent l'église paroissiale, Tournon et la nouvelle villa de M. le comte de Mougins-Roquefort.

Après être descendu des hauteurs de Beauregard et avoir suivi à gauche le chemin public, nous nous trouvons encore au portail de Tournon ; et arrivé là nous prendrons le chemin qui est de l'autre côté de ce portail ; il nous conduira à l'**église paroissiale.**

Sur le côteau de la Fouen-dei-Teoule, en face de Venelles et des collines de Meyrargues, on voit un petit oratoire en ruines, auquel conduisait autrefois le chemin de Rians. C'est la chapelle Ste-Anne ; elle est sur le territoire de la paroisse de Venelles. On dit, dans le pays, que pendant la peste de 1720, le marché des communes environnantes se tenait près de cette chapelle. mais s'il est une chose certaine c'est qu'avant la Révolution les habitants de la paroisse

1 La campagne qui porte ce nom est depuis de nombreuses années la propriété de la famille Holive.

2 La campagne Caillat est aussi appelée « Bel-Air ».

de Venelles venaient chaque année fêter Ste Anne dans ce petit sanctuaire. C'est très-probablement de cette chapelle que part la dévotion du quartier des Pinchinats envers Ste Anne, et lorsque en 1820 on construisit près le portail actuel de Tournon un sanctuaire plus spacieux (aujourd'hui école des garçons) il fut aussi consacré à la glorieuse mère de la Vierge Marie. En 1859 il devint église paroissiale.

C'est à l'influence de M. Rigaud, alors maire d'Aix et propriétaire de la Mignarde, et de M. le sous-préfet Delmas, locataire de la Gaude, que l'on doit la création de la paroisse des Pinchinats. Mgr Chalandon, archevêque d'Aix, nomma pour premier curé, M. l'abbé Audric, qui fit construire la nouvelle église. Le 7 septembre 1861 on posa la première pierre de l'édifice ; c'est celle qui soutient le pilier gauche de la grande porte. Un an après, M. Audric, par délégation de Mgr l'Archevêque, procéda à la bénédiction de la nouvelle église : c'était le jour de la fête de Ste Anne et le tableau représentant la patronne des Pinchinats fut transporté de l'ancienne chapelle au nouveau sanctuaire. Un an après le clocher était terminé et le 25 mai 1863, Mgr Chalandon baptisa la cloche qui reçut le nom de « Claire » : c'était celui de sa marraine, Mme de Mougins-Roquefort, qui avait fait don du terrain sur lequel ont été construits l'église et le presbytère. M. Audric eût pour successeurs : en 1865, M. Terrier ; en 1872, M. Balastre ; en 1874, M. Suvéran ; en 1878, M. Caudron qui est encore curé des Pinchinats. Cette paroisse dépend de la commune d'Aix et du doyenné de la Madeleine ; elle a comme population fixe 450 âmes, mais durant la belle saison le nombre d'habitants est plus considérable.

En arrivant sur la place de l'église, nous trouvons à gauche une statue de N. D. des Champs et à droite une Croix de Mission qui, érigée près de l'ancienne chapelle en 1851, a été transportée en 1881 là où elle est aujourd'hui.

Dans l'église, à gauche en entrant on voit une imitation de la grotte de Lourdes ; plusieurs tableaux ornent les murs de l'église : les deux plus remarquables sont celui de

Ste Anne et celui de *Ste Thérèse* dans la chapelle de la Ste Vierge. En face de la chaire on voit un beau crucifix sculpté sur bois et dans le sanctuaire une statue de Ste Anne. Les vitraux de l'église ne sont pas sans mérite.

Les deux qui se trouvent dans le sanctuaire représentent l'*Education de la Vierge par Ste Anne* et la *Présentation de Marie au Temple.* Le vitrail de la chapelle de la Ste Vierge porte les armes de Mgr Chalandon et celui de la chapelle de S. Joseph celles de M. le premier président Rigaud, un des bienfaiteurs de la Paroisse.

Nous signalerons enfin un bel harmonium que les artistes amateurs en villégiature se plaisent à toucher pendant les offices du dimanche.

Le presbytère est a côté de l'église paroissiale et non loin de là nous apercevons l'école communale des filles ; elle a été construite sur un terrain donné par M. Tardif, un des principaux protecteurs de cette institution populaire. L'école a une trentaine d'élèves.

La première institutrice des Pinchinats fut une dame veuve qui ouvrit une école libre, mais resta peu de temps ; elle fut remplacée en 1859 par Mlle Farenc et sa domestique Emilie Marrel qui à cause de son dévouement à sa maitresse, mérita le prix de vertu établi par M. Rambot. Sous la direction de Mlle Farenc l'école des Pinchinats prospéra beaucoup : les distributions solennelles des prix furent successivement présidées par M. le premier-président Rigaud, Mgr Chalandon, archevêque d'Aix, etc. ; elles avaient lieu dans le parc de Tournon dont le propriétaire faisait les frais de la fête et fournissait les plus belles récompenses, tels que livrets de la Caisse d'Epargne, vêtements, bijoux, etc. L'école devenue communale et gratuite eut pour patron S. François d'Assise, elle resta sous la protection de ses fondateurs, jusqu'à ce qu'ils en eussent été chassés ainsi que les institutrices vertueuses et dévouées qu'ils y avaient établies.

L'école des garçons dont nous avons vu le local à l'entrée de Tournon, eut pour principal protecteur M. le marquis de Chenerilles ; elle était d'abord dirigée par M. le curé Terrier ; sous M. Balastre, son successeur, elle devint communale et le premier instituteur fut M. Girard.

Revenant sur la place de l'église et tournant à droite pour monter le chemin, nous rencontrons sur notre route de fort belles campagnes. C'est d'abord à droite la villa de M. le comte de Mougins-Roquefort, il y a un jardin anglais de plantation toute nouvelle et une allée de platanes.

Aussitôt que nous avons passé devant le grand portail de la villa Mougins, nous appercevons à droite en face de nous le four de la Mignarde.

La **Mignarde** a reçu son nom de l'un de ses propriétaires, Mignard, qu'il ne faut pas confondre avec le fameux peintre du XVIIIme Siècle. En 1790 elle fut habitée par Pascalis, le dernier défenseur des libertés provençales. Mignard lui avait donné l'hospitalité pour le mettre à l'abri des poursuites des révolutionnaires. Pascalis était gardé à la Mignarde· par une cinquantaine de paysans ; néanmoins quatre-vingt patriotes, pendant la nnit, vinrent l'enlever et le conduisirent en prison à l'Hôtel-de-Ville. « Mignard apprenant l'arrestation de Pascalis veut aller aux prisons ; mais on l'avertit que ses jours sont menacés et qu'il doit fuir. Mignard refuse ; après de nouvelles instances, il part et s'échappe à travers champs dans le vallon des Pinchinats. Dubreuil que ses sympathies hautement avouées pour Pascalis rendent suspect se cache de son côté au pavillon de l'Enfant, où se trouve aussi le président d'Albert. Là il se fait tonsurer, prend un costume de prêtre, se joint à Mignard et au président d'Albert et s'enfonce au milieu des gorges de Ste-Victoire, par où il se dirige vers la frontière de Nice ». (Pascalis, par C. de Ribbe). Le malheureux Pascalis fut pendu par les révolutionnaires à un arbre du Cours, et après lui avoir tranché la tête, ils la portèrent au bout d'une pique, sur la route de Marseille.

En 1807 la Mignarde, alors propriété de M. Rey, fut habitée par la princesse Pauline, sœur de Bonaparte et

épouse du prince Borghèse. « La princesse avait abandonné l'usage des bains de lait, parlesquels elle entretenait
la fraicheur de ses charmes, pour les eaux chaudes d'Aix,
auxquelles elle avait reconnu des souveraines vertus, pour
son hygiène. Pauline s'était éprise d'un tel amour pour le
chant monotone des cigales, qu'elle en faisait acheter de
grandes quantités à un sou la pièce ; elle les faisait lacher
ensuite dans les bosquets de la Mignarde. Immergée dans
sa baignoire, elle se livrait volontiers à la somnolence,
bercée par le bruissement sonore de cet insecte méridional ». (Le Caducée).

En mémoire du passage de la princesse Pauline à la
Mignarde, le propriétaire actuel de cette villa, M. Rigaud,
ancien premier président de la Cour d'Appel, a fait placer
un portrait de cette princesse dans un des salons du
château.

La route après avoir longé le parc de la Mignarde, nous
conduit au portail de la grande avenue ; ce portail est surmonté de pâtés et de galantines en pierre. Mignard, qui
était, parait-il, patissier, a voulu laisser un souvenir de son
état à ses successeurs. La grande avenue nous conduit sur
la terrasse du château, d'où l'on découvre dans un seul
coup d'œil tout le parc. Sur les plans du jardinier Despont,
de Marseille, M. Rigaud a fait remplacer les anciens jardins
à Le Nôtre, par un jardin anglais ; nous y remarquerons
un magnifique magnolia et plusieurs statues qui ne manquent pas de graces artistiques. Une allée de peuplier qui
fait le tour d'une immense prairie nous conduit en partant par la droite au moulin à olives, puis au four de la
Mignarde. Nous revenons sur la terrasse du château par
l'allée de gauche. Dans l'intérieur du château se trouvent
de beaux salons et une chapelle. Voici ce qu'en disait
la *Semaine Religieuse d'Aix* du 5 août 1883 : « Le
mardi 24, Mgr l'Archevêque bénissait une chapelle domestique, au château de la Mignarde, résidence d'été
de M. le Premier Président de la Cour d'Appel d'Aix,
dans la paroisse des Pinchinats. Rien de plus gracieux;

comme ce petit oratoire dans l'ornementation duquel le bon goût rivalise avec la richesse. Les artistes des environs et en particulier les peintres sur verre d'Aix et des villes voisines avaient été appelés à prêter leur concours et de leur émulation est résulté un véritable bijou artistique. »

Le château que nous apercevons au-dessus de la Mignarde est celui de **la Gaude**, propriété presque abandonnée ; elle porte cependant des traces de son ancienne splendeur, il y a une chapelle et dans la salle à manger une magnifique fontaine en marbre, qui provient du château de Peyrolles.

M. de Lubières était propriétaire de cette campagne, il l'a laissée à M. de Bonnecorse qui la possède actuellement. M. de Lubières l'avait eue de son épouse Mlle d'Arlatan Lauris dont elle porte aussi le nom, « la Laurette » ; Mlle d'Arlatan le tenait de son père mort du choléra en 1847.

A droite du chemin, qui nous conduit à la Gaude, nous apercevons les ombrages de **Chaîne**. Dans cette villa qui appartient à la famille de Chénerilles, il y a un jardin anglais, un bois de pins et une chapelle.

Si nous voulons pousser plus loin notre excursion nous pouvons, après avoir visité Chaîne, aller jusqu'au four de l'Héritier [1] ; arrivés là, nous avons une magnifique vue sur la Trévaresse ; nous tournons à gauche et ce chemin nous conduit aux Logissons, hameau de la commune de Venelles ; là nous retrouvons la route des Alpes, par laquelle nous rentrons à Aix. Dans ce dernier parcourt nous laissons à notre gauche le four de l'Aubère, le moulin à vent de la Gaude ; à notre droite la villa de la Salle, celle de M. Payan, la Bastide-Rouge. Nous passons ensuite sous le magnifique **aqueduc** du canal du Verdon (72 arches) ; un peu plus loin à notre gauche nous laissons les chûtes de ce

---

1 Il a pris ce nom d'une chapelle que l'on voit à côté et qui avait été fondée par l'héritier d'un Archevêque d'Aix avant la Révolution.

même canal, et un cabanon construit sur les ruines d'une ancienne redoute. Nous passons ensuite devant la campagne dite « les Platanes », devant la Séguirane, puis devant le pavillon de l'Enfant et bientôt après nous nous retrouvons au point d'où nous étions parti en commençant notre excursion.

La vaste plaine qui s'étend à partir des Platanes jusqu'à Entremont et Puy-Ricard est connue sous le nom de « la Lauve » à cause d'une pierre plate ainsi nommée en provençal et qui forme le fond du sol

En terminant cette excursion aux Pinchinats disons que le caractère de ses habitants est généralement bon ; ils sont doux, affables et très serviables, mais ils n'accordent pas facilement leur confiance : l'on peut comprendre pourquoi, l'orsqu'on habite les Pinchinats. Ils sont religieux au fond de l'âme et ceux même qui ne fréquentent pas l'église, tiennent à ce que tout y soit digne de Dieu : ils ont une grande confiance en Ste Anne et conservent toujours le souvenir de ceux de leurs pasteurs qui ont su par le zèle et la douceur conquérir une populaire affection.

EXCURSION D'AIX

A SAINT-MAXIMIN

ET A LA SAINTE-BAUME (VAR)

—

Il n'est pas en Provence d'excursion qui offre plus d'intérêt que celle de **Saint-Maximin** et de la **Sainte-Baume.** Ces lieux célèbres dans les fastes de notre histoire religieuse, se rattachent à nos plus vénérables traditions[1]. La Sainte-Baume, comme on le sait, a été le séjour de S¹ᵉ Madeleine, la pécheresse de l'Évangile, pendant de longues années de pénitence, et Saint-Maximin le lieu où elle est morte et qui possède son tombeau. Au-dessus de ce tombeau s'élève un monument, qui fait l'admiration générale. La Sainte-Baume nous offre de son côté, le site le plus pittoresque de nos contrées.

En deux heures, la voie ferrée qui traverse la plaine fameuse où vainquit Marius, nous conduit d'Aix à Saint-Maximin et de là, à l'aide de voitures que l'on trouve dans cette ville, on peut rapidement aborder la sainte montagne.

Nous allons en quelques pages exquisser l'histoire et la description de l'un et de l'autre de ces lieux, qui ont entre eux de si intimes rapports et dont les souvenirs se confondent dans une commune origine. Nous signalerons ce qui doit être particulièrement visité :

---

1 Voir l'ouvrage de M. Faillon : *Monuments inédits sur l'apostolat de Ste Madeleine,* etc.

SAINT · MAXIMIN

En approchant de Saint-Maximin, le premier objet qui frappe la vue du voyageur, c'est la **grande église** autour de laquelle se pressent toutes les maisons de cette petite ville et c'est au **tombeau de Ste Madeleine**, renfermé dans cette église, que la ville même doit son origine[1].

D'après la tradition, Sⁱⁱ Madeleine, à l'approche de ses derniers moments aurait été transportée par les anges, de la Sainte-Baume au lieu où l'évêque Maximin avait un oratoire, et qui porte aujourd'hui le nom de ce saint pontife. C'est là que la sainte pénitente, après avoir reçu les dernières bénédictions, fut après sa mort ensevelie, et que le bienheureux disciple fut aussi plus tard inhumé à ses côtés avec d'autres saints personnages.

Un édifice s'élevait au-dessus de la crypte primitive qui renfermait ces tombeaux. Auprès de cette église vint s'établir dans les siècles suivants, une colonie de moines cassianites dépendants de l'abbaye de Saint - Victor de Marseille, fondée par S. Cassien. Ces religieux avaient aussi un établissement à la Sainte-Baume, afin d'honorer le lieu d'habitation en même temps que la sépulture de Sⁱⁱ Madeleine.

Mais au VIIIᵐᵉ Siècle, l'invasion des Sarrasins dans nos provinces méridionales, obligea les Cassianites à cacher les précieuses reliques, pour les soustraire à la dépradation de ces barbares ; ils comblèrent de terre la crypte vénérée ; par surcroît de précaution, ils eurent soin de transporter les reliques de Sⁱⁱ Madeleine, du sépulcre où elles reposaient dans celui de S. Sidoine, dont le corps avait été retiré, et où elles restèrent cachées pendant cinq siècles.

---

1 Pour de plus amples détails, voir: *Notice sur l'église de Saint-Maximin*, par M. L. Rostan.

La plupart des monastères de Provence furent ruinés par les Sarrazins; on ignore ce que devint celui de Saint-Maximin, toujours est-il, que les reliques qu'il avait en sa garde échappèrent à leur dévastation. Ce prieuré suivit la destinée de la puissante abbaye de Marseille, dont il dépendait; c'est ainsi qu'il passa dans la suite de l'institut de Cassien à celui de S. Benoît, l'an 1079. Il fut même uni en 1267 au monastère des Bénédictines de Saint-Zacharie, appartenant aussi à Saint-Victor.

Le culte des reliques de Ste Madeleine était loin d'être éteint; bien qu'on ignorât l'endroit précis où elles reposaient sous le pavé de l'église, le souvenir en avait survécu et les Bénédictins le conservèrent avec respect, jusqu'au moment où il entra dans les desseins de la Providence de faire disparaître les incertitudes qui régnaient à cet égard.

L'instrument de cette découverte fut le prince de Salernes, connu plus tard sous le nom de Charles II, roi de Sicile et comte de Provence. En 1279, ce prince voulant pratiquer des fouilles dans la crypte de l'église où on savait qn'elles étaient recélées, se rendit dans ce but à Saint-Maximin, et eut l'insigne bonheur, de mettre au jour les antiques sarcophages que l'on conserve encore aujourd'hui, et dont l'un renfermait le **corps vénéré** qu'il recherchait si ardemment. Les inscriptions trouvées dans ce sarcophage, assurèrent le prince de l'authenticité de ces reliques. Il eut soin de faire procéder à leur solennelle reconnaissance par un grand nombre d'évêques, de religieux et de seigneurs provençaux. Plus tard la translation en eut lieu dans une châsse d'argent, et le chef insigne fut placé dans un reliquaire plus riche encore, auquel le roi Charles d'Anjou, envoya de Naples sa couronne d'or pour lui servir d'ornement.

Ce n'est pas tout, le prince de Salernes, méditait de plus grands honneurs pour ces restes sacrés; mais la part qu'il prit aux événements contemporains l'obligea à en ajourner l'exécution. S'étant hasardé à livrer un combat naval au roi d'Aragon, qui disputait à son père le royaume de Sicile, il

fut pris et conduit à Barcelone où il resta captif durant quatre ans. C'est dans cet intervalle que mourut
Charles I", et le prince de Salernes, devenu roi, put après
être sorti de captivité, donner suite au dessein qu'il avait
depuis longtemps conçu ; ce fut alors qu'il jeta les fonde-
ments de la magnifique église de Saint-Maximin et qu'il en
confia le service aux religieux de l'ordre de S. Dominique,
dont l'éclat était si vif à cette époque dans le monde
chrétien.

Boniface VIII, par sa bulle du 8 des ides d'avril 1295,
autorisa l'établissement des nouveaux religieux en rempla-
cement des Bénédictins. Vingt frères prêcheurs furent dès
lors établis à Saint-Maximin et quatre à la Sainte-Baume.

C'est ainsi, que l'année 1295 vit élever les premières
assises de l'église et du couvent de Saint - Maximin.
Charles II, dépensa des sommes considérables à la construction de ces édifices destinés à former un majestueux
ensemble architectural, il fit dans ce but de nombreuses
fondations. •

Après la mort de ce prince les travaux ne furent pas
toujours poursuivis avec la même activité, les troubles et
les guerres de la Provence vinrent souvent en interrompre
le cours et mettre obstacle au paiement des sommes qui
leur avaient été destinées.

Les successeurs de Charles II, contribuèrent à la construction de l'église, mais à cause de la pénurie de leurs
ressources, il y eut bien souvent des temps d'arrêt dans sa
construction.

En 1404, il n'y avait encore que cinq travées d'achevées,
ce fut le maréchal de Boncicaut qui entreprit la sixième ;
le P. Jean Damiani, prieur des Dominicains, fit ensuite
terminer cette sixième travée, il employa à cet ouvrage les
sommes léguées par le roi René et par son successeur
Charles III.

En 1512, ce même prieur Damiani, donna à forfait la
construction des trois dernières travées, ces travaux durè-
rent jusqu'en 1532.

C'est ainsi qu'après de bien grandes difficultés, l'on vit achever ce beau cantique de pierres, élevé sur la tombe de S¹ᵉ Madeleine comme le splendide reliquaire des saints ossements que l'on voulait honorer. C'est à la piété des princes provençaux ainsi qu'aux incessantes sollicitations des religieux dominicains que cette œuvre dut son accomplissement, et c'est le prieur Damiani qui eut la gloire de la mener à terme.

Commencée par conséquent vers la fin du XIIIᵐᵉ Siècle, l'église de Saint-Maximin fut continuée, avec plus ou moins d'activité, pendant les deux siècles suivants et terminée seulement dans le cours du XVIᵐᵉ. On mit donc environ 240 ans à la bâtir, et cependant, en ne considérant que son aspect général, la grande homogénéité de son style et la parfaite harmonie de son ensemble, on la dirait faite d'un seul jet, on la croirait l'œuvre d'un jour.

Charles II s'était naturellement adressé pour fonder cette église à l'architecte le plus éminent de nos contrées. Grâce à la découverte de M. l'abbé Albanès, il nous est aujourd'hui permis de connaître le nom du grand artiste qui a élevé cet édifice, il s'appelait **Jean Baudici.**

Le pèlerinage de Saint-Maximin, était très fréquenté dans les siècles passés, d'illustres personnages y accouraient, et l'histoire a conservé le souvenir des Souverains Pontifes et des Princes qui sont venus vénérer les saintes reliques. En 1332, cinq têtes couronnées s'y rendirent à la fois, ce furent : Philippe de Valois, roi de France ; Alphonse IV, d'Aragon ; Hugues IV, roi de Chypre ; Jean de Luxembourg, roi de Bohème et le roi Robert, comte de Provence.

Après la réunion de cette province à la monarchie française, les rois et les reines de France visitèrent aussi ce monument. Louis XIV est le dernier de nos rois qui soit venu s'agenouiller auprès du saint tombeau. Il arriva à Saint-Maximin le 4 février 1660, avec Anne d'Autriche sa mère, le duc d'Anjou son frère et une nombreuse suite. Il assista à la translation solennelle des reliques dans l'urne de porphyre que l'on voit sur le maître-autel et il y apposa son sceau royal.

Les reliques de Ste Madeleine étaient donc l'objet d'une grande et universelle vénération. Plus d'une fois des différents avaient existé entre le Parlement et la Cour des Comptes au sujet de leur vérification. Ce conflit ne cessa qu'en 1633 par un arrêt du Conseil privé du roi, portant règlement général entre les deux compagnies et par lequel les inventaires des reliques de Saint-Maximin furent explicitement attribués à la Cour des Comptes. Depuis lors, diverses fois des commissaires de cette Cour vinrent y procéder ; le dernier de ces inventaires est de l'année 1780.

A chaque changement d'état consulaire un acte de reconnaissance à cet égard était aussi passé entre les anciens et les nouveaux Consuls. Un article du règlement de la communauté, attribuait au second Consul la garde de la clef des reliques et il devait lui-même être présent lorsqu'on les montrait aux visiteurs.

Les plus grandes précautions avaient été prises à leur égard ; mais la Révolution de 93 vint faire table rase de tous ces pieux usages, elle spolia l'église. L'urne de porphyre ne manqua point d'être violée, les écrits qu'elle contenait furent livrés aux flammes ; on jeta pêle-mêle sur le pavé les glorieux restes de Ste Marie-Madeleine ; son chef fut arraché de sa châsse d'or et d'autres saints ossements furent aussi dépouillés de leurs reliquaires. Cependant, les plus précieuses de ces reliques purent être sauvées du naufrage : le *chef*, l'*os de l'un des bras*, la *Sainte-Ampoule* avec divers fragments des corps d'autres saints personnages. C'est ainsi qu'on a pu les conserver à la vénération publique.

Le monument eut l'insigne bonheur d'échapper aux atteintes du vandalisme. Les goûts artistiques de Lucien Bonaparte, alors garde-magasin des vivres à Saint-Maximin, et la conversion de l'édifice en entrepôt de fourrages, contribuèrent à le préserver de toutes dégradations ; c'est ainsi qu'il est parvenu jusqu'à nous, avec les remarquables œuvres d'art qu'il renferme et dont nous allons donner la description.

Description [1]

L'église de Saint-Maximin est à juste titre considérée comme la plus belle page de l'art gothique dans le Midi et comme le seul monument religieux d'une véritable importance architecturale en Provence.

EXTÉRIEUR.—Sa façade est loin de correspondre à la beauté de son intérieur, le portail de la grande nef n'a jamais été commencé. Toutefois les façades des bas-côtés peuvent donner une idée du genre de décoration projeté pour le grand portail. Cette ornementation excessivement simple pour l'époque, date de la première moitié du XVIᵐᵒ Siècle.

A l'angle méridional, on trouve les bases bien apparentes de la tour du clocher qui n'a pas été élevée et qui devait compléter l'aspect monumental de l'église.

Les toitures en tuiles qui recouvrent cet édifice ont été depuis longtemps substituées au dallage primitif, et la pente nécessitée par cette disposition nouvelle a envahi la base des fenêtres des diverses nefs, et a ainsi dénaturé tout le système adopté pour l'écoulement des eaux pluviales de ce vaisseau et pour l'aménagement des jours.

Néanmoins malgré ce fâcheux état de choses, l'extérieur de l'église de Saint-Maximin offre un aspect remarquable.

Considéré à distance du côté du chevet surtout, cet édifice surgit hardiment du sol, élevant ses vigoureuses proportions dans l'espace et produit à travers l'horizon du midi, un effet véritablement imposant.

1 Cette description est l'abrégé succint d'un ouvrage plus étendu : *Notice sur l'église de Saint-Maximin*, par M. L. Róstan.

Intérieur.—L'absence de façade si défectueuse pour cette église, procure toutefois une heureuse surprise quand on en franchit le seuil, car on se trouve ainsi brusquement, sans préparation, en face d'une architecture grandiose et magnifique qui saisit par la majesté de son ordonnance et par la hardiesse de son exécution.

Les éléments architectoniques qui dominent dans l'intérieur de ce monument, sont ceux des XIIIme et XIVme Siècles ; quoiqu'il n'ait été terminé que dans la première moitié du XVIme Siècle et qu'on trouve en lui des traces apparentes des différentes périodes de l'art ogival, il offre néanmoins la plus grande unité de style.

C'est un vaisseau d'une merveilleuse beauté d'ensemble et d'une incomparable pureté de lignes. Le prodigieux élancement de ses piliers, l'imposante noblesse de ses voûtes et surtout la suprême harmonie de ses proportions, lui impriment un cachet de grandeur que peut-être nul monument ne possède à un degré si élevé.

D'un goût sévère et pur, comme en général toutes les fondations de l'ordre des Dominicains, cette église est d'une extrême sobriété d'ornementation due aux traditions monastiques, dont s'est certainement inspiré le grand architecte qui en a donné le plan et dirigé la construction.

Ce plan se compose de trois nefs accompagnées de chapelles elle n'est point coupée par un transept, et les collatéraux s'arrêtent à la naissance de l'abside principale et se terminent en contre-absides.

Voici les dimensions dans œuvre de cet édifice :

Longueur de la grande nef. . . .	72 mètres 60 centimètres
Longueur des collatéraux.	61 mètres 20 centimètres
Hauteur de la grande nef, sous voûte .	28 mètres 70 centimètres
Hauteur des collatéraux.	17 mètres 60 centimètres
Hauteur des chapelles.	10 mètres 25 centimètres
Largeur des 3 nefs et des chapelles. .	37 mètres 20 centimètres
Largeur de la grande nef, prise sous les entre-colonnements. . . .	13 mètres 10 centimètres
Largeur des petites nefs.	6 mètres 90 centimètres
Profondeur des chapelles.	5 mètres 10 centimètres

Seize piliers détachés et quatre engagés, soutiennent les retombées des arcades ogivales qui établissent les communications entre les diverses nefs ; ces piliers, sont ornés de faisceaux de colonnettes, d'où partent les nervures formant les arêtes des voûtes et soutenant dans les entre-colonnements l'archivolte des arcades.

Les chapiteaux sont d'une nudité caractéristique et la hauteur des bases des piliers est très variable. Il n'y a pas même de similitude à cet égard dans les piliers parallèlement correspondants.

Malgré l'unité d'architecture de ce monument, on remarque en lui des différences de détail très sensibles, et ces irrégularités multiples ne nuisent pourtant point à son tout si harmonieux.

La grande nef se compose de neuf travées, les collatéraux de huit, à chacune desquelles correspond une chapelle dont la construction est entrée dans le plan primitif de l'édifice. Moins élevées que les nefs latérales, ces chapelles en complètent l'ensemble architectonique. Une fenêtre aujourd'hui bouchée perçait leur mur du fond, contre lequel se trouvent maintenant adossés les autels, autrefois tous orientés comme l'église.

Il y avait ainsi un triple rang d'ouvertures pour éclairer cet édifice et on se fera facilement une idée du merveilleux effet que devaient produire ces fenêtres, quand elles étaient dans leurs premières dimensions.

C'était un édifice ouvert de toute part à la lumière ; la mutilation qu'on lui a fait subir sous ce rapport lui a ravi une de ses principales beautés. Mais ce qu'il y a d'incomparable, c'est l'**abside** à sept pans, dont cinq sont percés d'un double rang de baies superposées, d'une très grande hauteur, dont la partie inférieure se trouve aujourd'hui envahie par des marbreries de l'époque de Louis XIV qui en diminuent l'effet, et malgré cet état de choses cette abside donne à l'église son dernier cachet de grandeur.

Toutefois, si l'on veut avoir une idée complète de ce monument, il faut par la pensée le rétablir dans sa conception originaire et restituer à ses ouvertures leurs véritables dimensions, avec des vitraux peints pour tempérer l'éclat trop vif du jour. On peut ainsi se rendre compte de son caractère tout à fait magique.

Le fond de la nef principale, avons-nous dit, est occupé par des additions du XVIIme Siècle, additions en désaccord complet avec le style du monument, formant cependant entr'elles un magnifique ensemble et renfermant des œuvres de la plus grande valeur. Elles consistent : dans les *boiseries du chœur,* le *maître-autel,* les *marbreries de l'abside* et le groupe de figures en plâtre doré appelé la *gloire.*

Cette **gloire** bien détériorée aujourd'hui se compose de la représentation de la *Ste Trinité* et d'une multitude d'anges d'une grande ampleur de style, gravitant autour d'elle.

Le **maître-autel** est aussi d'une belle ordonnance, l'on y voit l'urne de porphyre qui renfermait les reliques de Ste Madeleine. Cette urne exécutée à Rome par Silvius Calic, fut un présent de l'archevêque d'Avignon, Dominique de Marinis, le pape Urbain VIII la bénit en 1634, et les ornements en bronze doré qui la supportent, ainsi que la statuette qui en surmonte le couvercle sont du célèbre sculpteur l'Algarde.

Le fond de l'abside est orné de somptueuses marbreries ; de grandes colonnes corinthiennes soutiennent le fronton brisé dans le style de l'époque.

Toute cette décoration est l'œuvre de Joseph Lieautaud, sculpteur provençal d'un grand mérite. Cet ouvrage commencé en 1678 fut terminé en 1682.

Trois tableaux relatifs à l'histoire de Ste Madeleine font partie de cette décoration et sont du peintre Buisson, de la ville d'Aix.

Deux bas-reliefs, l'un en marbre, l'autre en terre cuite, ornent les murs latéraux : le premier au nord figure le *ravissement de Ste Madeleine par les Anges,* c'est une œuvre d'art de très grande valeur qui fut envoyée de Rome par le maître-général des Dominicains, Nicolas Rodulfe. On ignore le nom de l'artiste qui l'a exécutée. Sur l'autre bas-relief, du côté du sud, est représentée la *communion de Ste Madeleine par l'évêque Maximin*, cette composition est due à Lieautaud.

Au-dessous de chacun de ces bas-reliefs se trouve une inscription latine, l'une relative à l'invention des reliques de Ste Madeleine, et l'autre, à leur translation dans l'urne de porphyre, en présence de Louis XIV.

Les stucs splendides qui décorent les parois, sont l'œuvre d'Antoine Lombard, maître marbrier établi à Marseille et natif de Carpentras.

Chœur [1] : Le chœur s'harmonise noblement avec les décorations dont nous venons de parler, ses boiseries qui portent la date de 1692, époque de leur parachèvement, sont d'une grande beauté d'ensemble et d'une merveilleuse richesse de détails. Elles renferment 94 stalles qui se développent sur deux étages en retraite contre une sorte de chancel, où sont sculptés 22 médaillons, dont 10 de chaque côté placés sur les stalles et les deux autres au-dessus du chancel.

Trois **portes** richement ornées donnent accès à ce chœur ; la porte centrale est surmontée d'un crucifix avec deux anges dans une pose délicieuse. Sur chacune des portes latérales est un grand médaillon supporté aussi par deux anges ; l'un de ces médaillons représente une *extase de S. Dominique* et l'autre sa *mort*.

L'extérieur du chœur est fini comme l'intérieur et le complète admirablement. Quatre autels sont adossés à son chancel, ornés de détails charmants et ayant chacun pour retable une peinture remarquable de Serre.

Mais c'est l'intérieur du chœur qui est vraiment beau ;

---

1 Voir à ce sujet l'ouvrage spécial avec planches : *Le chœur de l'église de Saint-Maximin*, par M. L. Rostan.—Paris, 1885. — Se trouve chez A. Makaire.

au-dessus de ses stalles, à droite et à gauche se développe la double série des médaillons où sont représentés des sujets de l'histoire de l'Ordre de Saint-Dominique.

Ce sont en entrant :

A gauche	*A droite*
Saint Pierre martyr	Saint Dominique
Saint Thomas d'Aquin	S. Antonin, arch. de Florence
Saint Hyacinthe	Saint Vincent-Ferrier
Saint Louis Bertrand	S. Raymond de Pennafort
Le bienheureux Ambroise de Sienne	S. Jean de Cologne, martyr
Saint Pie V	bienh. Gonzalve d'Amarantho
bienheureux Jean de Vicence	bienh. Albert-le-Grand
Sainte Catherine de Sienne	bienh. Henri Suzo
Sainte Agnès, de Monte-Pulciano	Sainte Rose de Lima
bienheureuse Marguerite de Savoie	bienh. Marguerite, de Castello

Médaillons supérieurs :

Vision de Saint Dominique	autre vision de S. Dominique

Ces boiseries où se déroulent ainsi les plus glorieux faits de l'histoire des Frères Prêcheurs, forment une œuvre considérable, due au ciseau d'un humble religieux, le frère **Vincent Funel**.

Sous les ordres de ce grand artiste travaillèrent divers autres sculpteurs religieux et laïques, mais Funel fut véritablement le maître de l'œuvre et deux ans après l'avoir terminée, il mourut en odeur de sainteté.

Chaire : Un autre ouvrage de sculpture sur bois, dont l'ensemble produit un effet imposant, c'est la chaire, un religieux du couvent, le frère **Louis Gudet** en fut aussi l'auteur, il la termina l'an 1756.

Les sept médaillons dont elle est ornée figurent des sujets puisés dans la vie de Ste Madeleine ; leur exécution se ressent de l'esprit de l'époque, car la Sainte y porte le costume du temps de Louis XV.

Au-dessous sont sculptés en haut-relief les attributs des quatre Évangélistes et le groupe qui surmonte l'abat-voix représente le *ravissement de Ste Madeleine par les Anges*.

Orgue : L'orgue fixe encore l'attention dans la grande nef. Des colonnes d'ordre ionique, qui jurent avec l'architecture de l'édifice, supportent la tribune au-dessus de la porte d'entrée où il est placé et il encombre ainsi la première travée de la nef. Quant à l'instrument en lui-même, il est d'une très grande valeur ; exécuté par le frère Isnard dominicain du couvent de Tarascon, célèbre facteur de l'époque, il date de peu d'années avant la Révolution et se fait remarquer par la majestueuse ampleur de ses sons, par ses grandes masses harmoniques.

Au-dessous de la Tribune, on lit d'un côté l'inscription relative à la consécration de l'église en 1776 ; et de l'autre côté, sur le tympan de la porte de la nef du sud, une autre inscription en caractères gothiques qui nous donne en quatre distiques l'histoire abrégée de l'église. C'est le prieur Damiani qui fit peindre cette inscription après l'achèvement de l'édifice et la pose des verrières.

Au-dessus de cette porte latérale se trouve, depuis 1830, le grand tableau figurant Tobie. Ce tableau fut donné par l'auteur, le peintre Bertrand, originaire de Saint-Maximin.

NEF DU SUD, dite du ROSAIRE :

Au fond de cette nef, on remarque le grand **retable du Rosaire**, aux dimensions quelque peu exagérées pour la perspective de l'abside. Il est l'œuvre du sculpteur Balthasard Maunier, natif de Cavaillon, établi à Saint-Maximin et qui travailla aux boiseries du chœur sous la direction de Funel. Ce retable lui fut commandé en 1667.

Le devant de cet autel est curieux. C'est un bas-relief sur bois doré du XVIᵐᵉ Siècle, qui s'y trouve encastré depuis environ cinquante ans et qui faisait autrefois partie de l'ancien maître-autel exécuté en 1536 par Jean Béguin, *imagier*, de Saint-Maximin.

Les quatre sujets qui y figurent sont consacrés à des épisodes de l'histoire de Sᵗᵉ Madeleine. Dans le premier compartiment on lit le nom de l'artiste avec la date de l'exécution de ce bas-relief.

Au nombre des chapelles du sud qui sont dignes d'attention, nous signalerons celle de S. Dominique située vers le milieu de cette nef, dont la décoration date aussi de l'époque de Louis XIV.

Cette chapelle précédemment sous le vocable de Saint Sébastien fut dédiée à S. Dominique en 1670. Le tableau de son autel est remarquable, et l'ornementation en plâtre doré est du sculpteur François Pourtal, de Marseille.

C'est à côté de cette chapelle que se trouve celle anciennement désignée sous le vocable de S. Jean-Baptiste et dont l'autel est décoré d'une statue de la Ste Vierge en marbre blanc, apportée de l'église des Capucins après la Révolution et qui avait été donnée à ces religieux par la ville de Gênes, dont on voit les armes sculptées sur le socle.

Nef du Nord ou du Corpus Domini :

C'est au fond de cette nef que l'on trouve la fameux **retable du Crucifix** [1] aujourd'hui connu sous le vocable de *Corpus Domini*, parceque c'était là que se réunissait avant la Révolution, la Confrérie du Saint Sacrement, composée des consuls sortant de charge.

Ce précieux monument du XVIme Siècle, renferme de curieuses peintures sur bois où se développe en nombreux médaillons l'histoire de la Passion.

Ce retable a été remanié dans le XVIIme Siècle et le tabernacle en a été aussi apporté de l'église des capucins.

Au centre se trouve le tableau principal du crucifiement, autour duquel sont échelonnés les divers compartiments.

Sur le devant de l'autel est figurée la *mise au sépulcre*, c'est là que l'on lit l'inscription du XVIme Siècle, indiquant que c'est à Jacques de Beaune, seigneur de Semblançay, le malheureux surintendant des finances de François Ier, qu'est due la fondation de cet autel, en 1520.

---

1 Voyez l'ouvrage spécial: Le *Retable du Crucifix, peintures sur bois du XVIe Siècle*, par M. L. Rostan. — Paris, 1885. — Se trouve chez A. Makaire.

Au milieu des saints personnages qui assistent à cette pathétique scène, sont figurés un religieux dominicain, probablement le prieur du couvent à cette époque, Jean Damiani; celui qui fit terminer l'église et une jeune femme qui pourrait bien appartenir à la famille de Semblancay, le donateur du retable.

Ces peintures sont remarquables comme expression de l'art de l'époque; elles renferment de curieux motifs d'ornementation et de pittoresques costumes du XVIme Siècle.

L'auteur est Antoine Ronzen, de Venise, dont M. l'abbé Albanès a récemment trouvé le nom dans les archives des Bouches-du-Rhône.

Dans cette nef deux chapelles appellent encore l'attention, la première est celle de *Saint Antoine*, la seule qui ait conservé sa haute grille en bois et qui renferme un autel de la fin du XVme ou des premières années du XVIme Siècle, dont les peintures sur bois offrent aussi un vif intérêt.

Quatre grandes figures qu'on suppose avoir fait partie de l'ancien chœur servent de retable à cet autel. Deux de ces figures ont été repeintes postérieurement, ce sont celles de S. Antoine et de S. Sébastien. Le gradin et la partie supérieure de ce retable recourbée en forme de dais renferment aussi de curieuses peintures.

La seconde chapelle que nous ne pouvons passer sous silence est celle située en face de la crypte et dédiée à Ste Madeleine. La peinture du tableau est une copie de la Madeleine de Lebrun que l'on voit au Louvre et qu'on dit être le portrait de La Vallière. La sculpture de l'autel est l'œuvre du F. Louis Gudet, l'auteur de la chaire.

C'est là qu'étaient autrefois renfermées les nombreuses reliques de cette église et dont quelques unes subsistent encore.

Le président de la Cour des Comptes, Pierre de Guérin, avait fait décorer cette chapelle en 1630 et y fit peindre ses armes.

On lit aujourd'hui sur l'un de ses murs l'inscription

placée en 1860, pour conserver le souvenir de la translation
solennelle du chef de Ste Madeleine dans son nouveau
reliquaire.

Sacristie : La première chapelle au fond de la nef
septentrionale conduit à la sacristie, comprise dans l'aile
orientale du couvent. Cette annexe de l'église est vaste,
majestueuse, vraiment digne du monument dont elle est
contemporaine. Le tableau en face de la porte d'entrée est
du peintre Rougier.

Cette sacristie possédait autrefois de grandes richesses,
mais tout fut dilapidé en 1793. Quelques rares épaves
cependant ont été sauvées et on y trouve encore de riches
étoffes et une œuvre bien remarquable du Moyen-Age : **la
chape de S. Louis d'Anjou**, évêque de Toulouse. Cette
chape de la fin du XIIIme Siècle, léguée par ce saint prélat
au couvent fondé par son père, est un des plus curieux ornements de l'époque. Le fond en est d'or, tissé sur toile et
les sujets brodés en soie de diverses couleurs.

Trente compartiments circulaires la divisent, ils sont
consacrés à la représentation de la vie de la Ste Vierge
et à la Passion du Christ. Au centre se trouve le couronne-
ment de la Ste Vierge dans le ciel. Les intervalles des médaillons sont remplis par des chérubins et tout à l'entour
s'échelonnent des anges thuriféraires [1].

Crypte : La crypte est sous un certain rapport la partie
principale de cet édifice, car elle renferme le **tombeau de
Sainte Madeleine** et celui d'autres saints personnages.
Elle est bien le fondement de cette église.

Cette crypte est un irrécusable témoin de la tradition ;
contemporaine des temps primitifs du christianisme, la
décoration en a été diverses fois renouvelée, notamment
en 1884, mais sous leur revêtement moderne les murs

---

1 Voir la description complète de *la chape de S. Louis*, avec planches
par L. Rostan.—Châlons-sur-Saône, 1885.—Se trouve chez A. Makaire.

subsistent dans leur intégralité ; la voûte seule n'est plus la même.

Sous le rapport religieux elle a par conséquent une importance capitale, elle renferme les **anciens sarcophages** où ont reposé les dépouilles mortelles des premiers apôtres de la foi dans nos contrées ; et sous le rapport de l'histoire de l'art, ces monuments sont d'une haute valeur pour les sujets qu'ils représentent.

Ces tombeaux au nombre de quatre sont rangés autour des parois, il y a de plus le couvercle de deux autres tombeaux qui leur sont superposés. Ils sont du cinquième et peut-être même du quatrième siècle.

On les trouve ainsi placés :

A droite de l'autel (à *gauche pour le spectateur)*	*A gauche de l'autel* (à *droite pour le spectateur)*
1 Le tombeau de Ste Madeleine	3 Le tombeau de Ste Susanne et Ste Marcelle. (Le couvercle de ce sarcophage ne lui appartient pas)
2 Le tombeau de S. Maximin	4 Le tombeau de S. Sidoine (le couvercle appartient aussi à un autre sarcophage.

C'est la désignation traditionnelle des sarcophages que nous indiquons et qui est la vraie. M. Faillon s'en était écarté, et avait entraîné avec lui l'opinion de beaucoup d'autres, en croyant reconnaître le tombeau de S. Maximin dans celui de Ste Susanne et de Ste Marcelle qu'il dépossédait ainsi et en attribuant celui qui appartient véritablement à S. Maximin aux Saints Innocents, dont on conservait bien les reliques dans cette église, mais qui n'y ont jamais eu de tombeau [1].

Dans le mur du fond sont encastrées quatre dalles avec figures gravées en creux, semblables à celles trouvées dans

---

1 Voir de plus amples détails dans l'ouvrage de M. L. Rostan : *Monuments iconographiques de l'église de Saint-Maximin. Les sarcophages de la Crypte,* Châlons-sur-Saône 1882.—Et dans la *Notice sur l'église de Saint-Maximin,* 3me édition,

les catacombes et qu'on croit avoir servi de pierres funérai-
res. Elles sont contemporaines des sarcophages.

Sur l'une d'elles est figuré *le sacrifice d'Abraham* ;
sur l'autre *Daniel dans la fosse aux lions*.

Les deux autres figurent des orantes : à droite c'est
l'image de la Vierge Marie avec l'inscription si souvent reproduite ; à gauche c'est encore une orante mutilée, probablement Susanne, faisant pendant à la Vierge Marie, comme
Daniel fait pendant à Isaac, et représentant la délivrance
de la mort.

C'est au fond de cette crypte que sont conservées les plus
insignes reliques : le **chef de Sainte Madeleine**, un
os de l'un des bras, la sainte ampoule.

Le reliquaire du *chef de Ste Madeleine,* date de 1860.
Il a été exécuté par M. Didron, d'après les dessins de
M. Révoil.

Celui qui renferme l'*un des bras* est moderne aussi, le
socle seul qui le supporte est du XIVme Siècle.

Enfin la *sainte ampoule.* On nomme ainsi un tube de
cristal portant les caractères du XIVme Siècle, et contenant
de petits fragments de verre, débris d'une fiole plus ancienne
qui renfermait du précieux sang du Sauveur, recueilli sur
le Calvaire par Ste Madeleine et qui avait été apportée par
elle dans nos contrées.

Si cette tradition est fondée, cette *sainte ampoule* est
évidemment la plus précieuse de toutes les reliques. Elle a
joui d'une très grande célébrité dans les siècles passés et
opérait d'éclatants miracles. Le Vendredi Saint après la
lecture de la Passion, on voyait chaque année les traces du
sang divin se liquéfier et remplir la fiole entière en bouillonnant. C'était ce qu'on appelait le *saint miracle*. On
accourait de toute part à cette occasion et d'illustres té-
moins en ont constaté la réalité.

Cette sainte ampoule était renfermée avant la Révolution
dans un vase très riche, elle est aujourd'hui contenue dans
un curieux reliquaire du XIIIme ou XIVme Siècle, en forme
de custode ou d'ancien ciboire.

Il y a comme on le voit, dans l'église de Saint-Maximin des œuvres de grande valeur ; toutefois, dans ce monument, les détails ne sont rien, ils disparaissent et s'effacent devant la majestueuse beauté de l'ensemble et les ravissantes splendeurs de son architecture.

Le Couvent

Le couvent des Dominicains est adhérent à l'église et en forme le noble accompagnement. Sa fondation date aussi de 1295 et tous ces bâtiments ainsi agglomérés offrent un aspect tout-à-fait imposant.

Le cloître est au centre, spacieux et de forme carrée, ses galeries mesurent en longueur 42 mètres 20 centimètres et la verdure du préau disposé en jardin se marie bien avec les lignes sévères des constructions qui l'entourent.

Les salles basses ont conservé tous les caractères de l'architecture gothique que l'on remarque dans l'église et la grande salle de la bibliothèque, à moitié vide aujourd'hui, appelle aussi l'attention.

L'entrée principale de ce couvent était avant la Révolution dans le remarquable édifice servant aujourd'hui d'Hôtel-de-Ville, qui était alors l'hospice et la maison de réception pour les étrangers.

Ce couvent est vaste et beau, il est encore parfaitement conservé et la distribution de ses bâtiments se trouvait admirablement appropriée aux exigences de la vie régulière et de la règle dominicaine.

Cette maison religieuse autrefois si célèbre avait été rétablie en 1859 par le P. Lacordaire qui en avait racheté les principaux bâtiments ; depuis l'expulsion de 1880, deux seuls religieux en demeurent les gardiens et reçoivent avec la plus gracieuse bienveillance les visiteurs qui viennent frapper à sa porte [1].

1 Voir *Monographie du couvent des Dominicains*, par M. L. Rostan,— Draguignan, 1873.

LA SAINTE-BAUME

La **Sainte-Baume** [1] est au nombre des lieux de pèlerinage les plus célèbres. La poétique singularité du site et les mâles beautés de la nature ajoutent encore à l'intérêt des souvenirs religieux et historiques qui s'y rattachent. Car c'est là que se trouve la grotte consacrée par le séjour de S⁺ Madeleine durant ses longues années de pénitence. Aussi, une tradition immémoriale a environné ce lieu d'hommages et de tout temps un nombreux concours de pèlerins est venu y apporter le tribut de sa vénération.

La montagne de la Sainte-Baume est recouverte dans sa partie septentrionale d'une magnifique forêt, toute peuplée d'arbres séculaires, où l'if, le hêtre, l'érable, le tilleul, le chêne et l'ormeau croissent ensemble et forment une masse de verdure impénétrable aux rayons du soleil. Un immense rocher qu'on dirait taillé à pic domine majestueusement cette forêt et produit l'effet le plus pittoresque. C'est aux flancs de cette gigantesque roche que se trouve la **grotte de sainte Madeleine**. Elle est précédée d'une terrasse spacieuse d'où l'œil découvre un horizon grandiose.

A droite et à gauche de la grotte se trouvent deux constructions élevées sur les ruines de celles qui ont été détruites pendant la Révolution, dont l'une très modeste sert d'abri aux pèlerins et l'autre plus considérable, reconstruite à l'époque de la restauration des lieux, a été remaniée il y a peu d'années. C'est là que résidaient les religieux préposés à la garde de la Sainte-Baume.

La grotte est très remarquable, on y monte par plusieurs degrés. Vaste et bien éclairée, sa largeur moyenne est de 24 mètres et sa longueur d'environ 26, sur 8 de hauteur.

1 Voir *Notice sur la Sainte-Baume*, par M. L. Rostan, 2me édition.— Marseille, 1877.

Elle offre dans une de ses parties une excavation profonde, où l'on descend par un double escalier ; là est l'**autel du St Sépulcre,** relevé aujourd'hui de ses ruines et d'une très grande simplicité.

Au fond de la partie supérieure de la grotte, un filet d'eau d'une extrême fraicheur découle goutte à goutte des fentes du rocher : c'est la **fontaine de la pénitence.** La piété populaire attribue à cette eau des vertus miraculeuses, et le bruit mystérieux de sa chute vient seul interrompre le silence de cet antre révéré.

Transformée en église depuis les temps les plus reculés, cette grotte a son entrée fermée par un mur orné d'une porte monumentale et de diverses fenêtres en style roman.

L'autel principal a remplacé celui construit en 1822. On ne pouvait en laisser subsister la trop vulgaire maçonnerie et à sa place s'élève depuis quelques années un autel plus conforme à la sévère harmonie du lieu. Il est décoré d'une statue de Ste Madeleine donnée par M͏ʳ Dupanloup et dont le mérite artistique n'est pas tout - à - fait irréprochable.

Les travaux récemment exécutés ont fait l'objet de certaines critiques, on a trouvé qu'ils ne s'alliaient pas assez à la nature du lieu et que l'art y apparaissait trop. Cependant il ne faut point oublier que cette grotte est une église où les populations viennent retremper leurs âmes dans la célébration des plus saints mystères, au milieu des exercices divers des solennités catholiques, et s'il arrive que le visiteur en abordant cet asile, éprouve quelque surprise en présence de cette décoration inattendue, la destination du lieu et les besoins du culte ne tardent point de lui en expliquer la pensée et d'en justifier l'exécution.

Derrière cet autel, se trouve la partie la plus élevée et la moins humide de la grotte, connue sous le nom de **lieu de la pénitence.** C'est l'endroit que l'on croit avoir été plus particulièrement occupé par Sᵗᵉ Madeleine pour vaquer à ses contemplations. Depuis les restaurations de 1822, ce lieu se trouve décoré d'une belle statue en marbre blanc, très remarquable sous le rapport de l'art, mais qui étale une beauté par trop mondaine. Apportée de Montrieux où elle figurait comme pleureuse au tombeau des Valbelle, elle a été ainsi transformée en Madeleine, néanmoins cette statue est une œuvre de grande valeur, s'adaptant admirablement à la place qu'elle occupe et il n'est pas à regretter qu'elle y soit conservée.

C'est là que se trouvaient aussi les statues de Louis XI et de Claude de Savoie, aujourd'hui placées dans un lieu à part en dehors de la grotte avec d'autres sculptures notamment une belle cheminée datant de l'époque de François I.

Un autre autel a été élevé par les soins de M. l'abbé Le Rebours, curé de la Madeleine, sur le perron de l'escalier qui conduit au *lieu de la pénitence*, devant la grille même qui en protège la statue et qu'on avait toujours préféré laisser dans son isolement caractéristique.

Un quatrième autel se trouve encore au fond de la grotte, non loin de la *fontaine de la pénitence*, on y remarque une statue de Notre-Dame du Rosaire, en marbre blanc, exécutée à Gênes au XVIIme Siècle et qui avait été donnée par Mgr de Marinis, archevêque d'Avignon. Cette statue a été sauvée des dévastations révolutionnaires par les habitants du Plan-d'Aups.

La grotte de la Sainte-Baume était autrefois enrichie de présents sans nombre, couverte d'ex-voto et de magnifiques ornements. Des lampes d'argent y brûlaient sans-cesse, on en comptait 24 devant la statue de Ste Madeleine. L'affluence des pèlerins y a été grande de tout temps. C'est surtout aux fêtes consacrées par la tradition que la foule y accourt nombreuse encore. C'est alors un singulier spectacle que les diverses caravanes qui gravissent les sentiers sinueux de la montagne et se dispersent de tous côtés dans la forêt pour y camper. Mais pour saisir toute la poésie de cette retraite, c'est dans les jours de complète solitude qu'il faut la visiter, alors l'imagination s'exalte en face d'un tel spectacle et l'âme y éprouve d'indéfinissables émotions.

Au point culminant de la montagne et presque perpendiculairement à la grotte, se trouve le **Saint Pilon**. On nomme ainsi une petite chapelle construite à l'endroit même où existait autrefois un pilier surmonté de l'image de S⁺⁺ Madeleine transportée par les anges; car d'après la tradition, c'est en ce lieu que sept fois par jour elle était élevée pour ouïr les accents célestes, et ce fait universellement accrédité a été conservé par la liturgie de l'Eglise latine. Cette chapelle est du XVIᵐᵉ Siècle. L'intérieur en a été diverses fois restauré et aurait besoin encore de réparations nouvelles.

Le Saint Pilon est véritablement un des sites les plus religieux de la Sainte-Baume, ses abords sont difficiles; le chemin qui y conduit est rude et escarpé, mais une fois arrivé, on est bien dédommagé de ses fatigues par l'immensité de l'horizon que l'on découvre et par le charme inouï que l'on trouve à le contempler.

Sur le chemin qui conduit au Saint Pilon, on remarque une **jolie chapelle** mutilée, qui date de 1630. Elle est construite dans le style Louis XIII et pittoresquement revêtue d'une toiture en bois chargée de mousses.

On voit aussi sur la route de la sainte montagne des **oratoires** construits au XVIᵐᵉ Siècle, par Jean Ferrier, archevêque d'Arles, ces oratoires renfermaient des bas-reliefs consacrés à l'histoire de S⁺⁺ Madeleine, ils étaient au nombre de sept; l'un d'eux est entièrement détruit et plusieurs autres sont en ruine; il serait à désirer qu'ils fussent restaurés.

Indépendamment de la grotte principale de S⁺⁺ Madeleine, il y en a d'autres encore sur divers points de la montagne que visitent les touristes, entr'autres celle connue sous le nom de *grotte aux œufs*. Sur le parcours du chemin qui y conduit, on trouve des endroits véritablement privilégiés, que les pas de la foule ne profanent point et où la nature semble avoir épuisé toute sa magnificence.

Toutefois, ce qu'il y a de caractéristique dans ce site
étrange, c'est son ensemble original et pittoresque, ce sont
les impressions que l'on y ressent et qu'inspirent la majesté
de cette solitude et les souvenirs qui s'y rattachent.

Les anciens auteurs n'ont pas manqué de mentionner les
personnages de distinction, qui, aux diverses époques de
l'histoire, ont visité la Sainte-Baume. Le P. Reboul en a
donné le catalogue, siècle par siècle. Louis XIV est le
dernier des rois de France qui y soit venu, à l'époque de sa
visite à Saint-Maximin et on sait quel noble et brillant
cortège marcha à sa suite.

Pendant la Terreur, la Sainte-Baume fut pillée et pro-
fanée, les bâtiments furent aussi la proie des flammes, mais
cette grotte célèbre a été restaurée dans les premières années de ce siècle, et une ordonnance royale du 20 février
1821 l'érigea en chapelle vicariale.

C'est après ces restaurations, qu'au mois de mai de
l'année suivante M⁁ de Bausset, archevêque d'Aix, vint en
faire la solennelle bénédiction et qu'un immense concours
de population s'y rendit de toute la Provence.

En 1853, les religieux Dominicains, sous la conduite du
P. Lacordaire, ont repris possession de la Sainte-Baume
qu'ils avaient occupée pendant cinq siècles. C'est alors que
le Comité des Lieux Saints de Provence s'organisa pour
faire face aux réparations nécessaires et pour la construction de la **grande hôtellerie** sur les lisières de la forêt,
où les pèlerins reçoivent aujourd'hui une hospitalité très
convenable et le plus sympathique accueil.

Depuis les fameux décrets de 1880, il ne reste plus
qu'un seul religieux à la sainte grotte pour la desservir et
un autre à l'hôtellerie ; cependant les visiteurs y affluent
toujours en grand nombre, soit pour admirer la beauté du
site, soit pour vénérer cet asile consacré par la piété des
siècles.

EXCURSION D'AIX

A ENTREMONT

ET PUY-RICARD

—

Les **ruines d'Entremont** aujourd'hui si connues des savants, sont restées presque totalement ignorées · jusqu'à une époque tout à fait récente ; car c'est à peine si l'on trouve dans Pitton et les vieux historiens de Provence, quelques courtes allusions à cette antique habitation gauloise. En 1817 seulement, la découverte des trois bas-reliefs, que possède le Musée de la ville, donna l'éveil ; aussitôt les recherches commencèrent et la Statistique des Bouches-du-Rhône publia une description de ces bizarres sculptures avec le plan des lieux où elles avaient été trouvées. Peu de temps après, M. de St-Vincent présentait à l'Académie d'Aix un mémoire sur Entremont, où il prétendait voir un camp romain ; mais l'opinion de l'illustre archéologue fut combattue par M. Michel de Loqui d'abord et M. Rouard ensuite, dans deux opuscules[1], où ils s'accordaient à prouver que les ruines qui vont nous occuper ne pouvaient être attribuées aux Romains, mais bien aux Gaulois, et leur opinion a prévalu.

A trois kilomètres au nord de la ville, entre le chemin de Puy-Ricard et celui de la Lauve, s'avance en pointe vers le sud un contrefort de la chaîne de collines qui sépare le bassin de l'Arc du bassin de la Touloubre, c'est au sommet

1 Recherches sur les ruines d'Entremont (situées près Aix. B.-d.-R.) par E. Michel de Loqui, avocat. 1839.

Bas-reliefs gaulois trouvés à Entremont près Aix-en-Provence.—Par M. Rouard. 1851.

4

de cette éminence que se trouvent le plateau et les ruines d'Entremont.

Ce plateau n'est accessible que par le nord, à l'endroit où il se soude à la plaine de Puy-Ricard, avec laquelle il est presque de plain-pied. On conçoit que les anciens habitants du pays aient été séduits par les avantages stratégiques que leur offrait cette position, aussi dans la pensée d'y concentrer leurs forces en cas de guerre, ils en fortifièrent le seul point faible, au moyen d'une épaisse muraille, dont il ne reste aujourd'hui que quelques vestiges, mais qui était encore très visible il y a quelques années.

En 1839 on voyait ce rempart s'étendre de l'est à l'ouest et former vers le milieu un angle saillant du côté du nord. Il consistait en une longue et large rangée de pierres ayant environ trois cents mètres de longueur et de un à deux mètres d'épaisseur. Il était alors plus ou moins rabaissé vers le sol ; mais en général à l'extérieur de l'enceinte il dépassait de beaucoup la hauteur de l'homme. En quelques points déjà il était entièrement démoli[1]. Sans doute que depuis lors cette destruction s'est opérée plus rapidement encore. Les propriétaires voisins ont largement puisé dans l'antique enceinte les matériaux des bâtisses qu'ils ont élevées aux environs ; la muraille, entamée sur tant de points, a fini par s'écrouler sur presque toute sa longueur et ne présente plus aujourd'hui qu'un talus à pente rapide, recouvert d'arbustes et de broussailles.

En quelques rares endroits on peut apercevoir encore, sur une longueur de quatre à cinq mètres, la base des vieilles fortifications élevées en pierre sèches, et, vers le milieu, on devine plutôt qu'on ne voit l'angle saillant, dont il a été question plus haut. Somme toute, les restes de l'ancienne muraille seraient insuffisants pour fixer l'attention d'un explorateur non prévenu, si ce n'était l'immense quantité de débris de poterie antiques que le pied heurte à chaque pas, sur toute l'étendue du plateau d'Entremont. Cette poterie est faite d'une terre tantôt rouge, tantôt grise

1 Voy. Michel de Loqui.—Recherches etc. p. 2.

tirant sur le brun et présente à la cassure de nombreuses paillettes de carbonate de chaux cristallisée.

Bien qu'on ne possède aucun de ces vases dans son entier, les fragments qui jonchent le sol permettent de se faire une idée exacte de leur forme primitive. Cette forme se rapprochait beaucoup de celle de nos jarres modernes : l'épaisseur des parois était de deux centimètres, et leur diamètre à la partie renflée dépassait souvent un mètre. Quant à l'ouverture, elle était généralement entourée d'un large bourrelet aplati à la partie supérieure et quelquefois, à 5 ou 6 centimètres au dessus de la base, régnait tout au tour une forte nervure, destinée à renforcer les parois. Il est bon d'observer que cette poterie est grossièrement travaillée et assez mal cuite, et que de plus elle ne présente nulle part ces marques de potiers, si fréquentes dans les échantillons de céramique romaine. La quantité de ces fragments est prodigieuse, avons nous dit, et quand on songe, qu'une foule de personnes en ont emporté de nombreux specimens et surtout que l'administration des chemins vicinaux s'en est servie pour l'entretien des routes, on se demande quelles causes ont fait naître à Entremont une céramique si luxueuse par son abondance, si non par sa beauté. Il est permis de croire que ces vaisseaux de terre servaient à emmagasiner d'amples provisions d'eau, élément dont ce plateau élevé est entièrement dépourvu; peut-être aussi y renfermait-on les grains récoltés dans la plaine, pour les mettre à l'abri d'un coup de main de l'ennemi. Quoi qu'il en soit, ces débris mêlés à une masse de décombres exhumés du sol par les cultivateurs, forment de véritables murailles, qui s'étendent du nord au sud et divisent le plateau en trois parallélogrammes allongés.—Tel est l'aspect général que présentent aujourd'hui au visiteur les ruines d'Entremont [1] .

1 Les restes de la *tour d'Entremont*, sur lesquels est adossée une petite habitation, à la crête de l'escarpement qui domine la ville, n'ont rien de commun avec les ruines gauloises. Cette tour comme celles de la Keyrié, du Pey-Blanc, des Anèdes, etc., servait à faire des signaux, elle fut bâtie à la même époque que les autres.

Nous connaissons maintenant l'état actuel des lieux, il est indispensable que nous disions un mot des divers objets curieux découverts parmi ces ruines :

En tête de ces monuments, nous devons mentionner les bas-reliefs, auxquels nous avons fait allusion au début de ce chapitre. Trois de ces pierres appartiennent au Musée, elles sont de forme à peu près cubique et grossièrement sculptées sur trois de leurs faces ; cette disposition permet de penser qu'elles étaient à l'origine superposées de façon à former un pilier adossé à un monument triomphal, aujourd'hui disparu. La face antérieure du pilier (supposé restauré), représente en petites proportions des figures de guerriers ; deux sont à cheval et l'on remarque que l'un charge au galop un ennemi, tandis que l'autre parait revenir victorieux du combat, portant suspendue au cou de sa monture une tête coupée. Le troisième personnage est très-fruste ; mais on peut encore distinguer un homme de profil et nu, il se tient debout s'appuyant sur un bâton (qui est peut-être une arme) en face d'un monument qui parait être un autel surmonté d'un objet circulaire.

Sur les faces latérales des trois pierres, sont sculptées des têtes soit complètement isolées, soit accolées deux à deux, soit enfin entourées d'une espèce de bourrelet en forme de rinceau, qui se prolonge d'une pierre à l'autre ; la proportion de ces têtes est plus petite que nature. Il est probable que ces figures sont le simulacre de trophées sanglants pris sur l'ennemi ; car si l'on examine attentivement ces têtes, on verra qu'il n'existe pas la moindre trace de cou ou de tout autre partie du corps et que c'est donc intentionnellement qu'on leur a donné l'apparence de têtes tranchées. D'ailleurs le doute n'est plus permis à cet égard , grâce aux fouilles qu'un amateur de nôtre ville fit exécuter à ces frais en 1877. Il eut le bonheur de découvrir à deux mètres de profondeur, un peu au nord de l'ancienne tour, une quatrième pierre sculptée, qui semble avoir appartenu au même monument que les précédentes. Travaillée sur une seule de ses faces, cette pierre représente quatre têtes de grandeur naturelle, accolées deux à deux et directement superposées, dont le relief est assez intact, pour qu'il soit facile de saisir le caractère que l'artiste a voulu leur imprimer. Les yeux clos, les traits contractés, ces têtes ont une apparence cadavérique reproduite avec un sentiment de vérité qu'on est surpris de trouver sous un ciseau barbare, aussi sommes-nous portés à croire que le voisinage de Marseille n'était pas sans influence sur les productions artistiques de ce peuple.

Nous allons terminer la nomenclature des antiquités d'Entremont en signalant un certain nombre d'objets de toute nature, qui appartiennent au cabinet de l'infatigable collectionneur à qui nous devons la communication du dernier bas-relief. Dans les fouilles dirigées par lui en 1874, il découvrit des armes de différentes formes, telles que : harpés, seramasax et autres lames de dimensions diverses, le tout en fer fortement oxidé et recouvert d'une gangue pierreuse, qui témoigne de la haute antiquité de ces objets. Dans la même tranchée se trouvèrent aussi des anneaux en bronze, des débris de bracelets de verre, de petites coupes en poteries, des hâches en silex, des monnaies marseillaises en bronze et en argent, etc.

Enfin la même collection s'est enrichie à diverses époques de meules et de boules à trituration en bazalte, ainsi que des plus beaux fragments de ces vases en poterie qui nous ont occupés plus haut ; quelques uns de ceux-ci offrent même des particularités remarquables, telles que des traces de raccommodages en plomb et des essais d'ornementation rudimentaire, mais très-reconnaissable.

Telles sont, en résumé les données que l'on a sur Entremont et ses ruines. L'extrême simplicité du mode de construction, la grossiereté des produits industriels, enfin le caractère archaïque et barbare de la statuaire, ne permettent pas d'attribuer, comme on l'a fait, à ces antiquités une origine romaine, c'est donc la population autochtone, ou en d'autres termes, les Gaulois Salyens qui fondèrent cette place forte. Redoutable par sa position, cet *oppidum* dominait une grande étendue de pays et permettait de surveiller la vallée de l'Arc et celle de la Touloubre. Toutefois les conditions d'existence devaient être, faute d'eau, assez mauvaises sur ce plateau élevé et relativement petit; aussi pensons-nous qu'il ne devait être habité à l'ordinaire que par une petite garnison, chargée de la surveillance du pays environnant et sans doute aussi de la garde des récoltes enfermées probablement dans ces vases dont nous connaissons les débris. Un danger était-il à craindre, les habitants de la plaine accouraient en foule se retrancher dans l'enceinte d'Entremont, et dès que l'ennemi avait été repoussé, un sacrifice de reconnaissance était offert aux dieux sur un autel couvert de trophées sanglants et la presque totalité des vainqueurs quittait alors la forteresse, pour retourner aux occupations journalières.

Tel devait être dans l'antiquité le rôle d'Entremont, nous savons ce qui reste aujourd'hui de cette métropole religieuse et guerrière.

PUY-RICARD

—

Le territoire de **Puy-Ricard**, (dans l'antiquité *Podium-Ricardi)* était jadis couvert par une vaste forêt, habitée par les peuplades Salyennes dont le quartier principal se trouvait à Entremont.

La physionomie du pays ne se modifia guère que sous le règne de Béranger III, de nombreuses terres furent concédées moyennant redevance, et peu de temps après la région fut entièrement défrichée. Le fief de Puy-Ricard fut bientôt aliéné par les comtes de Provence ; il fut compris dans les 79 places que Raymond-Béranger le Vieux, tuteur du jeune Raymond-Béranger III, concéda à la Maison des Baux, dans la fameuse transaction de 1150. Ce ne fut que deux cents ans après que Puy-Ricard cessa d'être terre *Baussenque,* à la suite des démélées entre la reine Jeanne et Raymond des Baux. Ce jeune seigneur qui avait tenté de soulever toute la Provence, obligé enfin de plier devant la résistance des Marseillais, fut condamné comme criminel de lèze-majesté : « Mais, rapporte Pitton, Jeanne qui était » toute bonne le remit dans ses terres et premiers hon- » neurs, à la reserve du château de Puy-Ricard qu'elle » donna aux habitants d'Aix ». Dès lors Puy-Ricard forma une communauté spéciale, mais dépendante de la juridiction d'Aix. En 1579 ce territoire fut horriblement éprouvé par la peste, et, quelques années plus tard, durant les troubles de la Ligue, ses habitants eurent à souffrir toutes sortes de maux de la part des *Bigarras* conduits par le duc de la Valette, frère du duc d'Epernon.

Aujourd'hui le village de Puy-Ricard n'est que le point central d'un des quartiers les plus importants de la commune d'Aix. Situé à quelque distance de la Touloubre, entre la chaine de la Trévaresse et les collines d'Entremont, dominé par les ruines pittoresques de son vieux château ce

village jouit d'un horizon magnifique qui s'étend de Ste-
Victoire aux Alpines et que la chaine des Anges découpe
délicieusement au midi. Au centre et devant l'église est
une place spacieuse plantée d'arbres et ornée d'une belle
fontaine. Les maisons sont généralement bien bâties plusieurs sont entourées de jardins. Ajoutons que dans ce
quartier le sol est en général fertile et bien cultivé et que
le climat y est pur et sain mais sensiblement plus froid
qu'à Aix.

Le château de Puy-Ricard, dont il ne reste aujour-
d'hui que des ruines fut construit en 1657, par Mgr Jérôme
de Grimaldi, archevêque d'Aix, à peu près sur l'emplacement d'un château plus ancien, auquel nous avons déjà fait
allusion. Il est certain en effet que cet antique château était
situé sur le même lieu où le cardinal fit élever le sien.
C'est l'historien Pitton qui nous l'apprend, dans les détails
qu'il nous donne sur les *Antiquités découvertes à Puy-
Ricard,* page 639 : « Nos pères, dit-il, ont vu autrefois,
» sur une éminence dans la plaine (de Puy-Ricard) un fort
» bon lieu dans lequel il y avait un très bon château qui
» appartenait à l'Archevêque d'Aix, comme encore au-
» jourd'hui (1657) toute la terre en dépend. Dans nos
» jours, le cardinal de Grimaldi en fait bâtir un très magni-
» fique *dans ce lieu* ou autrefois on a vu le château de
» Puy-Ricard » [1]. Ainsi la notion que nous donne cet
écrivain s'accorde avec la tradition et avec l'histoire ,
d'après lesquelles la maison d'habitation de nos Archevêques
d'Aix, seigneurs de la localité, était située sur le monticule-
Grimaldi et tout près de la forteresse. Le digne Cardinal
dépensa dit-on deux millions pour construire ce vaste édifice dans l'intention d'y tenir des Conciles provinciaux
dont il voulait rétablir l'usage. Il le fit bâtir en voûtes

. Il ne reste du château primitif qu'une tour carrée et quel ,ues vestiges de rempart au S.-O. des ruines du palais Grimaldi.

plates ayant douze appartements complets et très-grands, outre le sien.

D'après la tradition locale, c'était du Puy-Ste-Réparade qu'on transportait journellement à Puy-Ricard et au moyen de quatre-vingt tomberaux les matériaux nécessaires pour la construction de ce magnifique château. L'édifice était surmonté de deux élégantes tours carrées qui dominaient la toiture aux deux extrémités. Il était entouré de superbes terrasses, la plus vaste, celle du midi, permettait d'arriver en voiture jusqu'au premier étage. Vers la partie orientale du château, l'illustre Cardinal fit construire une élégante chapelle sur le dôme de laquelle se trouvait une statue en marbre représentant la Résurrection du Sauveur. Au nord du même édifice il avait établi une glacière qu'on peut voir encore, à l'ouest une orangerie. Enfin vers la partie sud, il avait établi une apothicairerie dont la maison parfaitement conservée et restaurée sert d'habitation au possesseur actuel des ruines et des terres adjacentes.

Cependant les successeurs de Mgr de Grimaldi jouirent peu de ce magnifique château. NN^{rs} de la Berchère, de Cosnac et de Vintimille ne l'occupèrent pas. Bien plus, ce dernier, voyant l'impossibilité où il était de pouvoir le réparer et l'entretenir obtint de Louis XIV l'autorisation de le faire démolir, le 23 octobre 1709. On prit le parti de le miner. Les ruines qui existent encore donnent une idée de la magnificence de cette habitation.

La chapelle fut conservée encore longtemps ; en 1789 elle était encore en fort bon état. Aujourd'hui quoiqu'en ruine elle se fait encore remarquer par ses belles proportions et l'élégance de son architecture. La statue de la Résurrection qui surmontait le dôme peut se voir dans le cloître de St-Sauveur où elle a été transportée.

L'église paroissiale de Puy - Ricard mérite aussi l'attention du visiteur. Ce petit temple appartient au style byzantin et fut construit vers la même époque que la nef du *Corpus Domini* de la métropole St-Sauveur. Le plein cintre y domine et l'ogive commence à peine à s'y montrer. La nef qui parait aujourd'hui écrasée ne l'était pas à l'époque de sa construction. Le sol en fut exhaussé de deux mètres lorsqu'on voulut y établir des tombes particulières, dans le courant du siècle dernier. Le portail extérieur qui est en plein cintre est formé par trois rangs d'archivoltes appuyées sur les chapitaux de six élégantes colonnettes accouplées. Ces divers ornements sont de la plus grande délicatesse et rappellent le faire du XIIIme Siècle. Au centre du tympan on remarque les armes du Vénérable Chapitre d'Aix sculptée sur une pierre qui fut découverte il y a quelques années dans l'église en faisant des réparations. L'intérieur ne renferme rien de bien curieux, si ce n'est le maître-autel qui est celui de la belle chapelle du château Grimaldi. Cet autel est remarquable par la richesse et la variété de ses marbres et par quelques sculptures dans le goût de la Renaissance.

Le territoire de Puy-Ricard est très étendu, il y a bon nombre de maisons de plaisance digne d'êtres visitées, et si le touriste en quête d'objets curieux veut ajouter trois kilomètres aux sept qu'il a déjà parcourus, il se trouvera en présence d'un très ancien domaine nommé **Rians,** appartenant actuellement à M. Giraudy.

Les Romains avaient bâti en ce lieu un temple à Jupiter, et M. l'abbé Roustan [1] pense que cette dénomination du lieu permet de croire à une construction plus ancienne ne pouvant se rapporter qu'aux Salyens. Quoiqu'il en soit la chapelle de Saint-Vincens, construite sur l'emplacement du monument païen, contient un autel votif élevé sans doute en l'honneur de la divinité du paganisme. Deux inscriptions latines se trouvent encore dans cet oratoire, mais elles sont très altérées par le temps et l'abandon dans lequel on a laissé ce débris de monument.

---

[1] Notice sur Puy-Ricard. 1 vol., page 7,

Ouverte à tous les vents, cette ancienne construction sert de refuge aux chasseurs et aux bergers pendant le mauvais temps, le feu qu'on y fait parfois a noirci les inscriptions et bientôt on n'y pourra rien voir ; la première qui est en marbre contient ce qui suit :

SEX IVLIO SE
VOL VERINO
NINI ABDELII
NERARIO PAT
TRIVM DECVE
NVM CVM FIL
VIVVS SIBI FEC

Ce qui doit signifier, qu'un nommé Sextus – Julius Serenus, prêtre de quelque divinité particulière, s'était fait cette sépulture pour lui et ses trois fils.

La seconde inscription sur pierre de Rognes, porte :

IOVI. O. M.
SEX. MI. S. REM
LIB. BMCCHYVS

Si comme l'expliquent ceux qui ont déchiffré cette inscription il faut dire Bacchyus au lieu de BMCCHYVS, lib. étant l'abréviation de libertus, ce serait un affranchi du nom ci-dessus, qui aurait consacré cet autel à Jupiter.

Des médailles trouvées en ces lieux confirment le long séjour des ouvriers romains. Une de ces médailles découverte en 1844, et que M. l'abbé Roustan a en sa possession, est à l'éfigie de Posthumus, gouverneur des Gaules, qui vivait l'an 257 de Jésus-Christ sous l'empereur Valérien.

Un éboulement de terre a mis dans ces derniers temps à découvert un ancien aqueduc romain, qui a été débarrassé de la terre qui l'obstruait sur une partie seulement de son parcours, et dans lequel on a trouvé bon nombre de médailles et menus objets romains. Le point de départ de cet aqueduc est une immense colline au bas de laquelle devaient se trouver de réservoirs, aujourd'hui détruits comme presque tous les travaux qu'avaient fait les Romains pour amener des eaux dans leurs centres de population.

Le **château de la Sextiade** appartenant à M. de Magnan, possède deux façades, une au midi et l'autre au nord de style tout à fait différent ce qui indique qu'il a été bâti en plusieurs temps: Le premier propriétaire fut le marquis de Montauroux et il fit bâtir ce beau chateau pour recevoir ses amis et donner des fêtes. On trouve en entrant un immense **salon** qui a toute la hauteur de l'édifice et entouré d'une tribune, il est peint à l'italienne et des sujets mythologiques assez bien conservés rappèlent qu'en ce lieu on jouait la comédie. Nommé autrefois *Montjustin*, ce domaine prit le nom de Sextiade à l'époque où M. le général Sextius Miollis en fit l'acquisition, c'est là que mourut cet ancien général de l'Empire en 1828.

Le territoire de Puy-Ricard, nous l'avons déjà dit est très étendu, il contient les hameaux de Pontès, des Coustes, de Font-Roux et de Coutheron, en 1869 une paroisse a été créée dans ce dernier à cause de son éloignement de Puy-Ricard.

EXCURSION D'AIX
A NOTRE-DAME DES ANGES

—

Après maintes promenades dans Aix et son terroir agrémenté de milliers de « bastides » et fertilisé par les eaux du Verdon, le Touriste ne saurait manquer de faire une excursion à **Notre-Dame des Anges**.

Quand il a visité, à l'est de notre cité, et à environ une lieue, le site ombreux du Tholonet, puis le barrage du canal Zola, et admiré, plus à l'est, le magnifique panorama de Sainte-Victoire ; après avoir, à 3 kilomètres au nord, sur le faîte séparatif des bassins de l'Arc et de la Touloubre, nos deux fleuves minuscules, vu l'emplacement de l'antique bourg salyen d'Entremont, et là-bas, vers le soleil couchant, contemplé l'aqueduc grandiose de Roquefavour, le Touriste désireux de voir complètement ce tableau ravissant, encadré de verdure et d'azur, prendra la voie ferrée « directe » d'Aix à Marseille pour s'arrêter à la seconde station, Gardanne, distante de 11 kilomètres de l'ancienne capitale de la Provence.

Partant de cette station, et suivant le chemin vicinal de Mimet pendant 4 ou 5 kilomètres, on gravit la chaîne de l'Etoile, dont les points culminants sont, à l'est le **puy de Mimet** ayant 795 mètres d'altitude, et à l'ouest le **pilon du Roi**, qui s'élève à 710 mètres au-dessus du niveau de la mer ; après Sainte-Victoire (970 mètres), ce sont les deux plus grandes sommités du département. Ce pic très isolé du Pilon du Roi, au nord duquel on découvre, çà et là, et jusqu'à Saint-Germain-de-Venel, des vestiges d'antiquité, se trouve en face du hameau des Pûti , dans la commune de Simiane.

C'est à Pùti que passent les visiteurs qui viennent de cette partie de l'arrondissement d'Aix, c'est-à-dire du sud-ouest et de l'ouest, en prenant, à quelques centaines de mètres au sud-est du hameau, un sentier très abrupt, aboutissant au chemin vicinal dont nous venons de parler. Hâtons-nous d'ajouter que, un peu avant d'atteindre à ce point, et surtout à gauche du sentier, les amateurs de géologie sont en partie dédommagés des fatigues de cette rude montée à travers broussailles et cailloux en ramassant certains fossiles, entre autres quelques spécimens curieux de l'ordre des gastéropodes.

Arrivé presque au sommet de la chaîne, soit par cette voie, soit par celle dont nous parlions en commençant, on met pied dans une dépression qui est à près de trois kilomètres de la solitude des Anges.

Quel charme n'éprouve-t-on pas et du paysage qui se déroule à vos yeux et du changement de végétation qui s'opère soudain ! Des fougères variées s'adossent aux rochers, tapissant de leurs feuilles étranges la paroi nord de la barre ; du côté droit, le long du chemin de Gardanne à Allauch, on remarque la jolie bruyère multiflore, dont les nombreuses fleurs se montrent au printemps et en automne, plante qui n'est guère indiquée que là par nos botanistes, ainsi que la bruyère arborescente, à la corolle rosée, blanche, fleurissant en juin.

A gauche, sur le flanc occidental du puy de Mimet, on aperçoit le pin sylvestre, qu'on ne voit aussi qu'en ce lieu, à en juger par les Flores d'Aix et du département ; c'est l'arbre des régions alpestres et des bois montagneux, dont le port et le ton verdâtre contrastent ici avec le pin d'Alep, ce « pin gris » ou « pin blanc » qui croît spontanément sur toutes nos hauteurs.

N'allons pas oublier de mentionner aussi, sans parler de nombre de menues plantes qui ont là leur habitat particulier, l'élégant arbrisseau aux baies comestibles, l'arbousier, dont la feuille persistante d'un beau vert et le fruit rouge aigrelet, en forme de fraise, font l'ornement des charmilles.

Ce changement subit de végétation, ce paysage nouveau qui s'offre à la vue, et dont les divers plans s'étendent jusqu'au superbe bassin de Marseille, captivent on ne peut plus : l'aspect délicieux des lieux, qui vous semblent comme une découverte, ferait trouver la route courte au marcheur le moins exercé ; et pourtant, on oublie parfois un moment ces magnificences de la nature, en contemplant le travail de l'homme dans ces quartiers solitaires, quoique peu distants de deux grandes villes, Marseille, Aix, et jadis presque impénétrables.

En effet, à force de persévérance et de labeur, le vieux monge, quittant un assez long temps la croix pour la pioche, ou plutôt les mariant toutes deux *(crux et raster,* ce qui nous rappelle la noble devise de cet autre colon : *ense et aratro)*, a dû donner un accès facile et agréable à son monastère. Alors que les uns défrichaient, tout en priant, tout en suant, de larges cantons du domaine conventuel, s'étendant jusqu'à Mimet, d'autres, en vrais hommes de l'art et soutenus par la foi (car ils travaillaient de même pour la gloire de Dieu), d'autres, disons-nous, établissaient un chemin des plus aisés, une voie carrossable suspendue au versant méridional de la colline. C'est aujourd'hui le chemin vicinal n° 4 de Mimet à Allauch.

Le spectacle de la nature, le parfum des plantes foulées aux pieds, l'arome des pins, qu'une douce brise apporte ; enfin, cette suavité de lieux presque déserts où tant de pieux cénobites ont prié avec la ferveur des saints, tout concourt à faire trouver rapide au touriste le trajet du dernier village ou de la plus proche station de chemin de fer.

Arrivé enfin au **monastère** délaissé, ravagé par le temps et par le vandalisme, on ne peut qu'être saisi d'une profonde émotion ; et en présence des vastes ruines qui attestent encore de l'importance de ce vieux refuge d'hommes de science, touchés par le doigt divin, on serait tenté de s'écrier avec le poète :

> Que n'ai-je, pour chanter ce doux port et son phare,
> La lyre et les accents d'Horace ou de Pindare !

Disons tout d'abord que la fondation de ce sanctuaire, au diocèse d'Aix, commune de Mimet, date du XIIIme Siècle, vers 1220, et qu'il fut desservi par des ermites dont les noms de quelques-uns d'entre eux nous sont restés ; le premier, c'est un frère Jean, natif d'Aix, qui trouva un gîte dans un recoin appelé la *Baumo vidalo* (la grotte de vie) ; à son imitation, le vénérable Labre s'installa, le siècle dernier, au vallon de Chicalon, ce charmant repli du Montaiguet non loin de notre ville.

Après les ermites, il s'établit des Camaldules à Notre-Dame des Anges,—comme à Sainte-Victoire,—ensuite des Oratoriens, qui y furent florissants.

Cet asile de travail et de pénitence était jadis célèbre parmi les pèlerinages de Provence : « Une preuve péremptoi-
» re, dit M. Marbot [1], en est écrite aux délibérations du
» Chapitre Métropolitain de Saint-Sauveur, qui en 1629
» décide de renvoyer désormais au dimanche suivant la
» procession qui se fait le jour de l'Annonciation, parce que
» ce jour-là il y a trop peu de monde à Aix. Les Aixois
» étaient à Notre-Dame des Anges ! Aussi le même Chapi-
» tre, le 3 septembre 1632, n'hésite-t-il pas à provoquer
» un pèlerinage général à ce sanctuaire pour appeler la
» bénédiction de Dieu sur les récoltes compromises. »
Aujourd'hui, si ce n'est pas un sentiment pieux qui y attire les fidèles, c'est, du moins, un but d'excursion qui méri-
terait certainement la préférence de tous nos amateurs de romérages, de tous les amis de la nature, souvent à la recherche d'agréables sites locaux, de bons souvenirs de touristes.

On peut voir aux archives du département deux chartes fort curieuses relatives à l'établissement du premier ermite et des anachorètes qui lui ont succédé ; l'une est sur par-

---

1 *Nos Madones*, page 65, 1 vol., 2 fr. 50, à la librairie Makaire.

chemin, de 1543, et l'autre de 1650 environ. Nous ne saurions résister au désir de donner quelques fragments de cette copie en vieille langue provençale :

« ...... Premieramen, fou fraire Juan, compaignon de » fraire Anthoni, loqual es sebelit a Sanct Juan d'Ais. » Long tems venguet lo dich fraire Juan au terradour del » castel de Mimet de la diocezi d'Ais en un luoc que si » nominava la Val de Canalz, per ver onte pouguessa estar » et far penitencia, ad la honor et al servici de Dieu et de » la humil Verge Maria.....

» Et estent en aurat'on, fou revelat per Dieu que lo dich » luoc fousse nominat Nosta Dama das Angelz, onte Dieu » fousse servit, lauzat et glorificat tous tems.

« ..... Et daqui en la el anet de nuds pedz, ansin coma » van las bestias ; et aquela pena duret set ans. Et das » dich set ans non intret en vila ny castel ny manget et » beguet que de pan et d'aiga, ny d'aques tous set ans non » manget dal dijolz au vespre fin a la satta a my jour.... »

Dans ce séjour, un vrai désert jadis, comme l'assure la charte existant en nos archives, et où il y avait « grand quantitat de serpens », on respire un air pur et salutaire, embaumé au printemps du parfum de mille fleurs ; des eaux excellentes et claires comme le cristal, des vallons poétiques, ont inspiré plus d'un trouvère ; ça été l'un des thèmes les plus heureux couronnés par l'Académie de Marseille en 1823, où notre compatriote M. Terrasson remporta le premier prix. Nous reproduisons ici ce qu'en dit M. Lautard, dans le tome II de son *Histoire de l'Académie*:

« Jamais prix ne fut plus vivement disputé : 26 pièces » furent adressées à la Compagnie, et l'on peut dire que le » plus grand nombre eût mérité la palme si l'auteur du » poème de *Notre-Dame des Anges* ne les eût toutes » éclipsées. Choix du sujet, imagination brillante, descrip- » tions pleines de verve et d'amabilité, tout semblait heu- » reusement réuni dans cette jolie composition, où de plus » longs détails eussent davantage plu.... »

Ce lieu béni ne pouvait manquer d'être célébré par les Muses, de même que Saint-Pons a eu son poète avec Jacques Delille : une des plus belles vues des environs de Marseille, un site tout à fait pittoresque, une belle **grotte** de 60 mètres de longueur, œuvre des premiers colons, avec des stalactites et des congélations comme on en voit à Saint-Paul lez Durance, terminée par une double grotte communiquant avec la **baumo vidalo,** tels sont les attraits et les beautés qu'offre cette solitude.

Les nombreuses constructions de Notre-Dame des Anges, la plupart en ruines, groupées autour de la grotte, s'avancent hardiment du sein d'un rocher sur le bord d'un plateau. On ne peut sans gémir jeter ses regards sur ce triste entassement de pierres.

Auprès de ces amas de murs écroulés, un imposant et magnifique tableau se déroule aux regards étonnés. Rien de plus majestueux ! Marseille étale au loin ses mille et mille maisons ; aux pieds de la ville phocéenne se déploie une immense étendue de mer, où l'on remarque le relief ou groupe si bien placé des îles d'If, Ratonneau et Pomègue ; plus loin encore, et comme perdu dans l'espace, va poindre le rocher de Planier, et son phare gigantesque.

Tournons nos regards au nord-nord-est : une petite chapelle tout à fait ruinée, qu'on appelle vulgairement le « Paradis », à cause de sa situation, ou peut-être parce qu'elle était jadis adjacente à quelque cimetière, domine le plateau qui supporte les constructions de Notre-Dame des Anges. Rien de plus hardi : le rocher, taillé à pic, s'élance majestueusement vers le ciel avec le modeste oratoire ; un sentier étroit et escarpé, tracé sur ses flancs, conduit à la chapelle aérienne, abordable par ce seul endroit.

Après cette rapide visite de la vieille et paisible retraite revenons à ses habitants primitifs : nous avons dit que le frère Jean fut le premier qui s'établit dans cet ermitage, comme l'atteste le précieux document en provençal dont nous parlions tantôt ; ce fondateur du sanctuaire dédié à la

Reine des Anges mourut, paraît-il, en 1249, et d'autres chrétiens fervents l'y remplacèrent tour à tour.

Puis le savant Peyresc s'intéressa à l'établissement des Camaldules dans cette solitude, où ils firent un assez court séjour, et furent remplacés par des ermites de l'ordre de S. François ; cette communauté s'y maintint dans un état prospère jusqu'en 1636, défrichant le terrain, plantant des arbres utiles, et attirant la dévotion du peuple à leur sanctuaire. Nous en trouvons la preuve dans une demande des Consuls d'Aix à l'autorité ecclésiastique, pour une procession à Notre-Dame des Anges le dimanche 5 septembre 1632, « aux fins d'impétrer la pluie », est-il dit dans la requête.

Sous les PP. de l'Oratoire on vit bientôt s'élever ces grandes constructions dont les ruines font encore aujourd'hui l'admiration des visiteurs. Les Oratoriens s'y maintinrent, parfois peu nombreux, jusqu'à la Révolution. Sans entrer dans des détails , ici, sur les faits et gestes de ces anciens possesseurs du monastère, qu'ils avaient enrichi de toute manière, même d'une belle bibliothèque, comme tant des leurs en donnaient l'exemple, nous nous plaisons à renvoyer ceux qui voudraient le connaître à fond, à la *Notice historique sur la maison et solitude de Notre-Dame des Anges,* par Ferdinand André. C'est une brochure [1] contenant tout ce qu'il y a de plus intéressant sur le sujet qui nous occupe. On ne peut que regretter une chose, c'est de n'y pas trouver, comme chapitre complémentaire, et comme bouquet de l'œuvre du savant chercheur, la poésie de l'aixois Terrasson si justement appréciée par les académiciens marseillais.

Pour nous, excursionniste, qui n'avons guère à nous arrêter qu'à ce qui frappe notre vue, c'est-à-dire à la partie descriptive, nous bornerons là notre course.

Ajoutons que ce lieu célèbre et plein de charmes avait

1 Vial, Imprimeur : Marseille, 1856 ; 67 pages in-8'.
M. l'abbé Barthélemy a donné dernièrement, dans l'*Echo des Bouches-du-Rhône*, une série d'articles fort intéressants et sur cette pieuse retraite et sur celle de Labre à Chicalon.

attiré l'attention d'un digne prêtre de Marseille qui, aidé d'un homme vertueux, y établit un pensionnat, vers le milieu du siècle actuel ; il fut fermé, quelques années après, malgré sa prospérité, et rouvert en 1851, pour disparaître, encore, par la mort inopinée de l'un des fondateurs.

Et l'ermitage, resté dans un abandon complet, n'est guère visité, traditionnellement, que par des paroissiens d'Allauch, de Gardanne, de Simiane, ou de Mimet, qui y viennent en procession. Ce site admirable mériterait cependant d'attirer les curieux de bien plus loin, maintes fois, redirons-nous, en quête d'excursions.

Combien croient trop souvent ne trouver qu'à l'étranger ce qu'ils ont presque sous les yeux ? Pour ne parler que de nos alentours, nous comparerions volontiers ce merveilleux coin de terre de l'arrondissement d'Aix, à l'une des sept merveilles du Dauphiné, les « Grottes de Sassenage. » Ici beaucoup plus d'eau, là beaucoup plus de soleil ; mais·les deux tableaux, différemment encadrés, offrent le même pittoresque.

Que deviendra plus tard, Notre-Dame des Anges ? Pourquoi quelque riche moutier n'y viendrait-il pas suivre les traces des religieux de Camaldoli, des disciples de Bérulle ? Une grande maison d'éducation comme celle qui y avait été créée naguère, pourrait tout aussi bien y prospérer ; et quel milieu préférable pour la santé des élèves ? Ou bien, de même qu'à Beaurecueil près d'Aix, il semble qu'un centre de correction, pénitencier civil ou militaire, serait là placé convenablement, tant au point de vue hygiénique qu'au point de vue moral. Enfin, une station scientifique, voire un établissement industriel quelconque, n'y seraient peut-être point déplacés ; là où d'autres ont prospéré, il paraît y avoir des éléments de réussite.

Quoiqu'il en soit, cette belle solitude et cet antique monastère, chantés par les poètes, ne sauraient être indignes du pinceau des modernes Granet, du crayon des nouveaux Constantin.

EXCURSION D'AIX

A SAINT-JEAN DE LA SALLE

—

Entre Puyricard et St-Cannat, à 1,800 mètres au nord de la grande route, 400 mètres à l'est de la route départementale de Lignanes à Cadenet, se trouve le château de St-Jean de la Salle, dit le **Grand-St-Jean**, dont le nom revient fréquemment dans les annales de la Provence.

Avant de donner la description de ce château situé à 11 kilomètres d'Aix, disons ce qu'on voit à mi-chemin ; le **château de La Calade**. Ce château a été construit en 1633, par Jérôme de Duranti, conseiller à la Cour des Comptes, Aides et Finances de Provence. Sur une terre qu'il avait acquise de Louise de Guiran, sa belle-mère, veuve de Pierre d'Escalis. Placée sous la directe de l'Archevêque d'Aix, cette terre fut érigée en arrière fief sous le titre de St-Louis de La Calade, par M⁰ᵉ de Bretel.

Le château est situé sur une petite hauteur qui domine la route d'Avignon et la rivière de la Touloubre, il a la forme d'un rectangle allongé, avec deux ailes en retour reliés par une muraille et un portail qui donne accès dans une cour sur le devant. Des quatre tours qui s'élevaient jadis aux angles du bâtiment principal, deux seulement subsistent encore. L'intérieur a subi de nombreuses modifications à diverses époques; L'escalier néanmoins est demeuré intact. Les plafonds sculptés avec beaucoup d'art représentent des figures d'hommes, d'animaux de fruits, etc., encadrant des médaillons qui contiennent divers sujets et des écussons aux armes: Duranti et d'Escalis. Parmi les toiles renfermées dans le château on distingue un beau portrait en pied de Claude-J.-B. de Duranti La Calade,

6

conseiller, puis président à la Cour des Comptes et un Christ daté de 1613 et portant la signature de Finsonius.

Revenons maintenant au château du Grand-St-Jean.

La Salle, ou mieux *Las Sales*, dérive du nom des Salyens, la plus importante des tribus gauloises, qui avant l'invasion Romaine avait là un de ses chefs-lieux. Le nom de *St-Jean* date du XIme Siècle, époque des princes de Baux protecteurs de l'Ordre de St-Jean de Jérusalem, qui non contents de lui donner un hôpital près leur palais de Trinquetaille à Arles, lui établirent des prieurés dans leur principauté d'Orange et leur seigneurie de Puyricard.

Les Salyens faisaient le commerce du sel et le transportaient de l'étang de Berre jusqu'aux sommets des Alpes. Leur chemin principal, auquel leur nom s'est maintenu, passait par Eguilles et franchissait la Trévaresse se dirigeant sur Pertuis. Le long de ce parcours qui traversait de vastes forêts peu sûres, le voyageur trouvait de distance en distance des stations lui offrant le triple secours de la divinité du lieu, de gardiens bien armés et d'une bonne fontaine, chose rare dans la région. Un de ces oratoires-auberges était au Grand-St-Jean, au seuil du passage dangereux de la Trévaresse. L'avenue du midi du château, dite *avenue d'Eguilles*, est précisément le chemin salyen, qui de là va passer à gauche du château du Seuil.

On ignore le nom de la divinité gauloise du Grand-St-Jean ; mais après la conquête romaine, l'oratoire salyen changeant de titulaire fut dédié à Mercure, dieu du commerce. A la suite de l'invasion sarrazine qui ravageait pour ravager, les matériaux du temple romain détruit à son tour, furent utilisés au XIme Siècle pour la construction de la chapelle romane actuelle consacrée à Saint Jean-Baptiste. Cette chapelle tombant de vétusté cinq siècles plus tard, fut restaurée en 1555 par André d'Estienne de St-Jean, alors Chanoine de St-Sauveur, nommé ensuite Archevêque d'Aix.

Le territoire de Puyricard appartenait avons nous dit,

à l'illustre maison des Baux, dont les prétentions à la souveraineté de la Provence n'eurent tort que parcequ'elles furent vaincues. Ecrasés après une lutte longue et sanglante, les princes de Baux durent enfin se résigner ; et la princesse Estiennette de Provence, veuve de Raymond de Baux, fut contrainte de signer avec ses quatre jeunes fils, en 1150, une renonciation absolue à toute prétention souveraine ; moyennant quoi Raymond-Berenger le Vieux, son cousin et son vainqueur, lui fit l'abandon de 79 châteaux et domaines appelés dès lors *terres Baussenques*, terres des Baux. La princesse Estiennette (ou Estephanette) fut donc la première dame de St-Jean de Las Sales, terre Baussenque. Elle et son fils Hugues y maintinrent un prieuré de St-Jean de Jérusalem, auquel en 1160 ils abandonnèrent leurs droits sur la colline de Furane. Le château de Lignanes qui faisait partie du Grand-St-Jean, en fut alors momentanément séparé.

Par acte du 6 mai 1233, Raymond de Baux, seigneur de Berre, Meyrargues, Puyricard et en partie de Lambesc, fit donation au chevalier Bérenger son parent, dit *Bérenger de Puyricard*, de ce territoire comprenant St-Jean de La Salle, Lignanes, Maure (Meaule) et la Trévaresse jusqu'aux confins de Rognes ; il lui en désempara tous les droits, ne s'en réservant que la suzeraineté ; suzeraineté que non sans de fréquents et vifs démêlés il fallut bientôt partager avec l'Eglise, c'est-à-dire l'Archevêque d'Aix. Les arbitres choisis par les deux parties dans une de ces nombreuses querelles, décidèrent un jour que : « les clefs des deux portes de Puyricard seraient remises en mains tierces, et que l'on pourrait entrer et sortir à volonté, le jour et la nuit, sans payer aucun droit ». Peu d'années plus tard, le 1er mars 1287, l'archevêque Rostaing de Noves se disant créancier de Raymond de Baux, faisait mettre à l'encan sa seigneurie de Puyricard, y compris celle de Lignanes, et s'arrangeait pour en demeurer adjudicataire au prix de 2,500 livres de provençaux-coronats.

En 1376, les châteaux d'Eguilles, St-Jean de la Salle,

Puyricard, avec tous leurs droits et juridictions, sont saisis par le domaine royal, sous le prétexte de crime de lèse majesté commis par Raymond II de Baux, dont toutes les posséssions ne tardèrent pas à suivre la même route ; Naples et la reine Jeanne avaient tant besoin d'argent ! Cependant, ce que les princes de Baux avaient aliéné de leurs domaines par vente, donation ou autrement, même à des personnes de leur famille, ne fut pas saisi par le fisc, et les Stephani demeurèrent en possession de la terre de Maure, que le chanoine Raymond Stephani donna aux Cordeliers d'Aix par acte du 16 mars 1485. De même, le chevalier Pierre de Cabanes, seigneur de Lignanes, St-Jean et la majeure partie de la Trévaresse, échangeait en 1477 avec l'Archevêque Ollivier de Pennart ces seigneuries contre le fief de Graveson, en se réservant quelques terres et une soulte de 500 florins d'or.

Le prieuré établi à St-Jean de La Salle, relevant de l'abbaye de Montmajour, se maintint jusqu'au milieu du XVᵐᵉ Siècle ; c'est encore avec lui que Bertrand Stephani, de Rognes, traitait en 1450 (notaire Jacques Martin), l'arrentement à nouveau bail de terres à St-Jean. Mais il s'écoula plus d'un siècle encore avant que le fameux président François d'Estienne put réunir en un faisceau ces diverses épaves, dont plusieurs déjà avaient été recueillis par son grand père, et se faire solennellement investir, le 3 novembre 1582 par l'archevêque Alexandre Canigiani, du fief du Grand-Saint-Jean de la Salle, comportant tous les droits, haute, moyenne et basse juridiction. Le fief comprenait alors outre le château St-Jean, l'arrière fief de Lignanes, Bouigas (Beaupré), le Seuil et Brégançon. En même temps, le 20 octobre 1582 (Raimond Chavignot, notaire), Jean d'Estienne recevait moyennaut 600 écus d'or, l'inféodation d'une terre attenante à celle de St-Jean. Ainsi se trouva reconstituée aux mains de la famille d'Estienne la presque totalité du domaine de la princesse Estiennette. *Meaule* qui s'en trouvait distrait, y fut remplacé par *Pontès*

(Pontevès), que François d'Estienne tenait de sa femme Honorade, sœur du grand Pompée de Pontevès.

Entre les mains de l'illustre président, St-Jean de la Salle retrouva momentanément ses splendeurs passées. Trois visites royales s'y succédèrent en moins d'un siècle. Charles IX parcourant son royaume en grande pompe, accompagné de sa mère Catherine de Médicis et du roi de Navarre, était venu diner chez Jean d'Estienne de St-Jean, le 19 octobre 1564 ; Louis XIII s'y arrêta à son tour en novembre 1622 ; et Louis XIV le 17 janvier 1660. Peu d'années après, le manoir féodal ayant été détruit par un incendie, Charles d'Estienne construisit le château actuel, à 50 mètres au midi de l'ancien, dont les matériaux servirent à combler les fossés et à bâtir les communs et dépendances.

Par le mariage de Françoise d'Estienne fille et héritière de Charles avec Joseph de Martiny, seigneur de Brenon, la terre de St-Jean passa, en 1672, à la famille de Martiny ; et avec elle, la maison d'Estienne de St-Jean à Aix, construite par P. Puget, rue Grande-Horloge au coin de la rue des Bremondi ; plus, le tombeau de famille reposant par un privilège spécial dans la chapelle de St-Jean, élevée exprès par André d'Estienne derrière le maitre-autel de Saint-Sauveur. Un procès qui dura plus d'un siècle, enrichit quatre générations de procureurs et ne fut jamais vidé, s'éleva entre les deux familles au sujet de cette succession. Le possesseur de la terre avait à cette époque droit au nom, et les Martiny usant de ce droit, l'avaient pris. Entre temps, Honoré d'Estienne, de Cabanes, quoique personnellement désintéressé dans le débat, réfléchissant que le meilleur procès peut se perdre et voulant à tout risque assurer son nom, faisait ériger en arrière fief sous le titre de *St-Jean de Trévaresse* une de ses fermes dépendante de Puy-Ricard ; et comme le procès ne fut pas perdu, le nom se trouva ainsi doublement acquis.

Dans les temps modernes, surtout depuis la Révolution, les grandes terres ne pouvaient guère que décliner. St-Jean

vit successivement se détacher Bouigas, Le Seuil, Lignanes ; et les actes seuls conservaient encore les noms de ces
diverses seigneuries qu'avaient porté tour à tour les puinés
de l'antique fief, quand le 2 décembre 1872 il fit retour aux
descendant de ses anciens possesseurs.

Les princes de Baux, seigneurs de Lambesc au XIIIme
Siècle, avaient également imposé le nom de *St-Jean de
Sales* au quartier de Gontar ou de Sylvacane, la célèbre
abbaye qu'ils affectionnaient et protégeaient. Seigneurs de
Lambesc pour deux quarts au XIVme Siècle, les Estienne
apportèrent aussi au Grand-St-Jean un nom de cette pro-
venance: *le Suë*, le Seuil ; et le nom de la colline de
Furane fit *Mont-Furon*, qui devint marquisat pour les Valbelle, acquis ensuite et porté par le président de St-Jean
concuremment avec celui de La Sales.

Le terroir du Grand-St-Jean abonde en souvenirs et en
débris d'antiquités. Les fragments de marbres, de poteries
gallo-romaines, les monnaies de diverses époques s'y ren-
contrent fréquemment à travers champs, ainsi que les vestiges de constructions difficiles à comprendre. En creusant
récemment un bassin au nord de la chapelle, on a trouvé à
fleur de sol des silos sarrasins en forme de bouteilles, de
deux mètres environ de profondeur ; ainsi que des sortes
de fours ronds, de un mètre à un mètre vingt-cinq de
diamètre, à voûte assez aplatie ; le tout vide, et sans autre
empierrement qu'une dalle bouchant l'orifice de chaque
silo. Trois statues en pierre ou marbre, grandeur naturelle,
fort mutilées après avoir trop longtemps servi de butte
roue dans une basse-cour, ont été dernièrement mises en
meilleur lieu. M. Gilles, le savant romaniste, les a recon-
nues pour faire partie des six statues romaines des environs d'Aix, dont est aussi d'après lui, celle qui figure S.
Mitre dans l'oratoire de ce nom. Celles du Grand-St-Jean
représenteraient un chevalier romain et deux esclaves ;
elles sont malheureusement abimées, sans têtes et sans
bras.

Dans les batiments de la ferme principale se retrouvent encore les arceaux du cloître du prieuré.

La **chapelle**, autour de laquelle ont été recueillis de nombreux ossements humains qui doivent dater des guerres de religion, attire l'attention des archéologues. Canoniquement orientée, elle a été construite entre trois tours, dont les deux au couchant, l'une beaucoup plus grosse que l'autre, sont aujourd'hui éboulées au niveau de la toiture. Celle du levant bien plus haute et servant de clocher, est singulièrement coupée par le milieu, du haut en bas ; c'est une demi tour. Jadis crénelées et reliées par un chemin de ronde, elles formaient une église fortifiée dans le genre de celle des Saintes-Maries. Les tours, construites en matériaux romains, offrent à leur base l'aspect du moyen appareil devenant plus petit en s'élevant. A l'intérieur, la chapelle présente une seule nef romane, coupée par trois lourdes arcatures dont une récente. Une restauration moderne ne lui a rien fait gagner comme pureté de style. Elle contient un bénitier antique armorié, en pierre de taille, quelques tableaux curieux. L'autel en bois sculpté porte les insignes de la magistrature.

Le **parc** anciennement dessiné par Le Nôtre puis abandonné, depuis peu remanié par Buhler, possède de belles eaux et deux fontaines ornées de statues dans le goût Louis VIV.

Le **château** d'un plan régulier, de 42 mètres de façade, en pierre de Rognes, primitivement d'un style Louis XIII assez pur, a subi de nombreuses retouches. Des ouvertures pour tous usages et de toutes dimensions ont été pratiquées, modifiées, bouchées, rouvertes ; dont une, celle du pilori, demeure facilement reconnaissable. Dans l'intérieur, des blasons sculptés ont été mutilés par la Révolution. Une cinquantaine de tableaux ; au nombre desquels, une ébauche de Paul Véronèse; une autre d'Horace Vernet; une *Vierge à la cerise*, par Lucas de Leyde; un grand tableau de Vignon ; une Vierge sur panneau de cuir, attribuée à

Murillo ; le portrait de la belle future comtesse de Grignan en *Vénus du Titien,* provenant de la marquise de Sévigné sa mère ; etc.—Le château de Saint-Jean contient en outre une importante collection provençale, livres, documents, vues, portraits et objets divers concernant la Provence.

———

Le domaine de **Brégançon** est demeuré uni à celui du Grand-St-Jean ; simple ferme dénuée de tout vestige historique.—**Bouigas** (aujourd'hui Beaupré, appartenant à Mme Double) possède une jolie habitation moderne au milieu d'une luxuriante verdure qu'alimentent d'inépuisable eaux. —**Lignanes,** riche aujourd'hui des flots du Verdon, a connu des jours de misère ; mais nos ancêtres avaient pour les cas critiques des moyens que nous ne savons plus pratiquer. Jadis, quand la source à laquelle s'abreuvait tout le quartier boudait depuis de trop longues semaines, les bonnes gens, clergé en tête, après une série de prières dans les sanctuaires d'alentour, venaient en procession à l'entrée de la conduite. Ils amenaient ainsi, entourée de ses compagnes toutes de blanc vêtues, la plus belle jeune fille qu'il se pouvait, mais surtout dont la sagesse fut certaine et complète. Avec accompagnement de beaux cantiques, la jeune vierge était invitée à pénétrer seule dans l'antre ; elle y faisait quelques pas, et bientôt on voyait arriver un mince filet d'eau ; la source était amorcée.

Maure (Meaule), à 600 mètres est du Grand-St-Jean, voit tomber en ruines ses cinq maisons de paysans désertes ; celle surtout qu'une tour éventrée désigne comme étant l'ancienne seigneurie.—**Le Seuil,** acquis d'abord par les de Gastaud, maintenant à M. Ch. Bernard, fait encore bon effet avec son château de style tout au bas de la colline, dont les grands bois de chênes et de pins lui servent de cadre. Ce domaine sépare seul aujourd'hui ce qui jadis ne fit qu'un, les versants sud et nord de la Trévaresse.

EXCURSION D'AIX

A SAINTE-VICTOIRE

—

Le voyageur qui vient à Aix, soit pour ses affaires, soit pour ses plaisirs, n'est pas peu étonné, qu'il arrive dans l'ancienne capitale de la Provence en chemin de fer ou par les voies de terre, de la vue du **mont Sainte-Victoire**, qui se dresse fièrement à quelques kilomètres à l'est. Aussi, beaucoup sont désireux de faire l'ascension de cet entassement énorme de rochers taillés à pic, la plus grande sommité du département: elle s'élève à 966 mètres au-dessus du niveau de la mer. Ajoutons que ce n'est pas sans quelque bonheur que cette crête est aperçue d'assez loin par les navigateurs provençaux [1].

Et sans redouter ici ni les dangers de l'ascension du Mont-Blanc ou du Viso, ni même les ennuis pour escalader le Rotondo, le Ventoux, par exemple, tout alpiniste sera amplement dédommagé d'un peu de fatigue pour la visite du pic si fameux et si lumineux dont nous nous occupons.

Disons un mot, d'abord, du nom de cette montagne célèbre, une des dernières ramifications des Alpes qui s'éteint brusquement presque aux portes de notre cité, et dont on voit très bien, des boulevards extérieurs, la croix monumentale qui la couronne depuis quelques années.

Cette « alpille » fut jadis appelée *Mons Victoriæ* et mont de Marius, depuis que les Cimbres et les Teutons furent exterminés à la bataille d'Aix, l'an 102 avant Jésus-Christ. La principale action se passa sur le flanc méridional de la montagne, entre la partie supérieure de

---

1 Le marquis de Saporta, dans son travail si intéressant : *la Provence primitive* (Revue des Deux-Mondes, 15 avril 1880), constate que c'est un point remarqué par les marins.

l'Arc et le village actuel de Pourrières *(Campus Putri-dus)* ; des feux allumés à la cime azurée de cette belle masse calcaire et marmoréenne annoncèrent bien loin le triomphe des Romains sur la barbarie.

Le christianisme, plantant ensuite l'arbre de Rédemption sur cet imposant piédestal de la gloire de Marius, modifia son nom devenu légendaire chez nous (car dans nos paroisses combien d'enfants baptise-t-on du prénom victorieux de Marius !) en celui de Sainte-Marie-de-la-Victoire ; plus tard, l'édification d'une chapelle sous ce vocable ou sous celui de Sainte-Venture, que l'on traduit en provençal par *Santo-Ventùri* [1], altérèrent quelque peu le sens de l'appellation première. Aujourd'hui même, à cause de ce grandiose ex-voto dressé par notre Midi préservé de la guerre en 1870, d'aucuns affectent de l'appeler parfois la Croix de Provence, tendant encore à effacer un nom glorieux qui est dans tous les livres et dans toutes les mémoires.

Deux routes principales mènent au pied de Sainte-Victoire : par Vauvenargues, au nord-ouest, ou par Saint-Antonin (c'est-à-dire la chapelle du Trou), au sud-ouest. Il s'agit toujours d'une douzaine de kilomètres, que l'on doit avoir la précaution de faire en voiture, afin de ménager ses forces pour la montée, rude trajet d'un couple d'heures.

La première de ces directions étant la plus commode et la plus généralement suivie par les touristes partant d'Aix, nous laisserons de côté l'itinéraire par le Tholonet et Saint-Antonin, qui n'est pourtant point sans agrément et peut-être plus pittoresque que celui par Vauvenargues.

On prend la route départementale n° 13, d'Aix à Rians par Vauvenargues, à la place Bellegarde ou au cours

---

1 Nos paysans disent fort justement en proverbe :

Quand Santo-Ventùri a soun capèu,
Pren ta blàsso e val-t'en lèu,

Lorsque les nuages s'amoncellent sur Sainte-Victoire, c'est signe de pluie.

Saint-Louis, et après avoir gravi une série de petites côtes, dans un chemin agréablement bordé de maisons de campagne, on a, à main gauche, la jolie tour de la Keyrié, qui domine tout le riant bassin d'Aix, arrosé par la Touloubre, l'Arc (deux fleuves qui n'en ont guère que le nom), et surtout par le canal du Verdon, importante dérivation d'un fort tributaire de la Durance. Deux ou trois kilomètres plus loin, le château de Saint-Marc est laissé sur la droite, ensuite l'agglomération des Bonfillons, et lorsqu'on a dépassé les domaines de Lambert, des Bourgarels, de Chaudon, l'on arrive, un peu avant le village de Vauvenargues, au petit hameau des Cabassols, où l'on met pied à terre, quittant la route départementale pour une simple voie muletière.

Celle-ci est la plus pratiquée, incontestablement, parmi les trois ou quatre sentes qui mènent à la crête du mont ; mais avant de nous y engager, nous aimons à pousser plus avant, jusqu'au village, à moins que l'heure du départ d'Aix n'ait pas été calculée soit pour coucher là, soit pour y faire au moins une halte.

Vauvenargues ne compte que 500 habitants environ ; c'est une localité qui mérite bien d'être visitée et par son site ravissant entre la déclivité sud de la *Grand Couelo* ou Lubau et le revers opposé du mont Marius. De plus, on y voit tout auprès, avec le plus grand intérêt, le château de l'illustre moraliste, vaste bâtiment avec grosses tours carrées du XIVme Siècle, et un épais rempart soutenant une plate-forme ornée de plantations. Ce château, si remarquable par son aspect, n'en est pas moins remarquable à l'intérieur, car il contient des armures, des tableaux et maints objets d'art d'une valeur réelle.

Dans ces lieux appelés jadis *Vallis Veteranis*, par suite du passage ou du séjour des légions romaines, le visiteur ne saurait oublier qu'il y a, en outre, un ancien temple, le **Délubre**, élevé à la Victoire. Il est composé de deux voûtes superposées de 10 mètres de long sur 6, et de 5

mètres de hauteur ; c'est une construction de l'époque
gallo-romaine la plus reculée, et fort intéressante par sa
composition.

A moins d'être parti d'Aix en compagnie de personnes
qui ont déjà visité Sainte-Victoire, il est prudent de se faire
accompagner par un guide que l'on trouvera toujours
facilement à Vauvenargues. De là, on rebrousse chemin
quelque peu pour revenir aux Cabassols, et après ce quart
d'heure de contre-marche, on commence à monter, en
obliquant légèrement au sud-ouest.

Depuis l'érection de la croix monumentale au faîte du
mont, le sentier que l'on vient de prendre a été assez battu
par les travailleurs et par le transport des matériaux ; il
est suivi par les nombreux pèlerins qui y vont annuelle-
ment dire les beaux hymnes des Aubert, des Bourrelly,
des Reynier, de même que par les touristes qui accourent de
toutes parts, dans la belle saison, surtout à la Saint-Jean,
pour assister au spectacle radieux du lever du soleil le plus
grand jour de l'année, et faire là-haut un immense feu de
joie. Aussi, nous plaisons-nous à chanter ici :

> Se vuei brulan lou fue de joio,
> Se remandan de serpentèu,
> Es pèr se douna mai de voio
> En celebrant un jour tant bèu.
> Sus la couelo Vauvenarguenco
> Lou soulèu se lèvo pu grand
> Dins la journado sant-janenco
> Pèr festeja lou bèu sant Jean [1].

Et de grimper, vaillants excursionnistes ! Heureusement,
les cailloux qui encomb.aient cet étroit chemin, et les plantes envahissantes, ont été en partie écartés, et maintenant,

---

1 Si nous brûlons aujourd'hui le feu de joie, — si nous lançons encore
des serpenteaux, — c'est pour nous donner plus d'entrain — en célé-
brant un si beau jour. — Sur la colline de Vauvenargues — le soleil se
lève plus grand — dans la journée « saint-johannine », — pour festoyer
le beau saint Jean.

on y passe assez facilement. Le jour de la cérémonie du
monument religieux, Mgr Forcade, allant présider la fête,
ne voulut accepter aucune monture, et fit simplement à
pied cette marche excessive, qui n'est pas sans éprouver les
plus jeunes, les plus intrépides.

Sur le parcours, la végétation est loin d'être luxuriante,
ce qui étonne ceux qui seraient tentés de comparer cette
excursion, d'un tout autre caractère, à celle de Notre-Dame
des Anges, au sud de notre ville, et surtout, au sud-est, à
celle de la Sainte-Baume, dont le bois est d'une magnificence extrême.

A part tout l'intérêt qu'offrent, au botaniste, nombre de
menues plantes, on ne rencontre guère, à partir des Cabassols, que le houx, le chêne vert et le kermès ; au-dessus de
cette zone, croissent le pin et le genévrier, et plus haut, le
buis. On détruit constamment ces végétaux ou l'on en
compromet fort la venue pour parer au brusque changement
de température quand on a gravi ce superbe massif de calcaire jurassique mêlé d'argile à teinte d'ocre ; on y trouve
aussi la pierre lithographique, qui n'est, paraît-il, guère
précieuse pour l'exploitation, et on y extrait, vers la base,
du joli marbre jaune à gros moignons noirs, variété curieuse des conglomérats du Tholonet et de Saint-Antonin [1].

Cette composition géologique de notre alpille est cause
que, par les jours de forts orages, la petite rivière de l'Arc
roule des eaux extrêmement rougeâtres et rapides, fournies
par ses deux principaux affluents de droite, la Cause [2] et le
Bayon ; ceux-ci sont les déversoirs de toute la montagne,
dont la croupe se prolonge, à l'est, pendant plus de dix
kilomètres, dans le département de Var, cantons de Rians
et de Saint-Maximin.

---

[1] Voir l'important ouvrage de M. le professeur Louis Collot : *Description géologique des environs d'Aix-en-Provence*, et la *Carte géologique des Bouches-du-Rhône*, par A. Matheron.

[2] Ou mieux la Causse, cours d'eau à Vauvenargues (F. Mistral, *lou
Tresor dou Felibrige*) ; terrain calcaire produit par la décomposition de
la pierre à chaux.

Les naturalistes y observent un rapace particulier, l'aigle Sainte-Victoire, dont le nom indique bien un séjour de prédilection : il a la taille et la livrée de l'aigle royal, le port sensiblement plus trapu, les « scapulaires blanches » à tout âge, caractère le plus saillant et le plus constant de ce bel oiseau.—Disons aussi que si cette nouvelle espèce fait la joie des ornithologistes, elle fait de même le désespoir des paysans des environs, car l'aigle Sainte-Victoire, qui se propage beaucoup, leur enlève souvent de la volaille.

Les hommes de science rapportent volontiers de leurs courses des spécimens de géologie très variés, et plus encore de botanique, comme le *Sempervivum tectorum* et le *montanum*, Crassulacée particulière aux Alpes et aux Pyrénées ; on y trouve, mieux qu'ailleurs, l'*Aira precox*, l'*Andropogon provinciale*, et des Ombellifères et des Rubiacées ne croissant spontanément qu'en ces lieux étrangement exposés.

Dans la partie nord-est on voit bien des coins de terre défrichés péniblement pour obtenir maigre récolte de céréales pendant deux ou trois années. Ces espaces ainsi conquis sont bientôt abandonnés, et se repeuplent peu à peu d'arbustes et d'arbrisseaux, comme ceux des terrains voisins ; mais on comprend parfaitement que ces pentes à « l'uba », comme disent les forestiers, vouées à une sécheresse persistante et à un froid rigoureux, ne reverdissent que très lentement, et que les terres ravinées glissent à chaque orage dans les cours d'eau qui les entraînent à la mer de Berre.

Tout en faisant ces remarques, en observant, à droite de la montée, le panorama qui s'agrandit à mesure que l'on grimpe, et, à gauche, le travail de l'homme, qui diminue, au contraire, plus l'on s'éloigne des lieux habités, on chemine tant bien que mal pendant près de deux heures, et l'on atteint après force zig-zags l'**Ermitage**, sis à la pointe occidentale de la montagne ; on aperçoit alors en face, là-bas tout au pied, le modeste Saint-Antonin, localité qu'il faudrait bien se garder de vouloir atteindre sans guide; le flanc méridional de Sainte-Victoire étant des plus dangereux sur ce point.

Il y a là, sur une petite terrasse naturelle, et dans l'anfractuosité de deux magnifiques rochers, une **chapelle** assez grande, en pierres de taille, où les jours de fête on dit la messe ; elle est bâtie à l'angle nord-est du couvent des Camaldules, aussi en taille, et composé de bien de pièces, avec caves et four à cuire le pain, le tout entourant une petite cour, au milieu de laquelle est une citerne en assez bon état. De cette importante construction en ruines, on n'a utilisé seulement qu'une pièce exiguë, où l'on remisait outils et matériaux lors de la construction de la Croix de Provence [1].

Hâtons-nous de rappeler que Walter-Scott a placé en ce lieu désert et si propice à la contemplation, une scène de son roman *Anne de Geïerstein* sous le titre de Garagaï ou Garagoule. Les religieux Camaldules, précédés par des Carmes en 1664, trouvant que cette solitude n'était guère habitable en hiver comme au gros de l'été, y restèrent peu d'années, à partir de 1681, et furent remplacés par des ermites qui s'y maintinrent jusqu'à la Révolution. Naguères on en a vu quelqu'un s'établir là-haut, mais non d'une manière stable, comme à Saint-Ser, presqu'au pied du mont, comme à Roquefavour, au fond de la vallée.

Le couvent et l'église auraient été construits, d'après Roux-Alpheran [2], vers le milieu du XVIIme Siècle, par un bourgeois d'Aix du nom de Lambert. C'est probablement le même qui a laissé son nom au domaine ombreux situé à gauche de la route en venant d'Aix, après le hameau des Bonfillons.

1 N'y aurait-il pas lieu d'établir aujourd'hui sur ce point un observatoire météorologique ? Il semblerait on ne peut mieux placé, à en juger par les observations qu'y faisait naguère le curé de Saint-Antonin.

2 Voir la brochure intéressante *le Mont Sainte-Victoire*, par E. de G. (Goncourt), ainsi qu'à la Bibliothèque Méjanes le recueil ms. xi, pièce 17, · autographe de Roux-Alpheran.

En présence de ces ruines, que l'on voit d'un œil bien
attristé, et qui témoignent de l'importance des constructions élevées dans un lieu si sévère, dépourvu d'eau potable et de végétation, les touristes font une station pour
réparer leurs forces, ayant soin d'allumer du feu, de
préparer du café ou de prendre quelque réconfortant ; à
moins d'y aller les jours de fête ou de pèlerinage, alors que
des marchands s'installent sur ce point et que l'Œuvre de
la Croix fait faire une provision d'eau, il est prudent, les
autres jours d'en monter, celle de la citerne n'étant pas toujours potable. Puis, assez dispos, on remonte quelques ins-
tants encore pour atteindre le point culminant, où presque
de tout temps une **énorme Croix** en bois a plané, avant
celle en métal qu'on y admire, et qui a fait dire à un
jeune visiteur :

Crous de Santo-Ventùri, o grand Crous de Prouvènço,
    Duerbe tei bras sus lou païs :
    · Ensigno lou sant paradis
En touèi lei bouen crestian, à la bello jouvènço [1].

Cet autre monument de foi a été dressé, là-haut, là-haut,
à l'instigation de l'infatigable curé Meissonnier, de ses
zélés paroissiens de Rousset, et de quelques « Ouvriers
de la Croix » qui tous ont payé à l'envi de leur bourse et
de leur personne ; — nous ajouterions volontiers et de leur
esprit. En effet, un ouvrage collectif des plus curieux a été
publié [2] à la suite du concours ouvert pour l'inscription en
provençal, et *lou Libre de la Crous de Prouvènço*, auquel
ont collaboré une centaine de félibres de toutes les opinions, depuis le plus grand jusqu'aux plus humbles, reste-
ra comme un monument poétique. Un de ces collaborateurs,

1 Croix de Sainte-Venture, ô grande Croix de Provence.—sur le pays
ouvre les bras : — indique le saint paradis—à tous les bons chrétiens,
à la belle jeunesse.
  2 Librairie Remondet-Aubin, Aix —Indépendamment du « Livre de la
Croix » il a été fait divers imprimés, cantiques avec musique, et une fort
belle vue du monument (lithographie Martin, à Aix; J. de Magallon, del.).

le « majoral » Marius Bourrelly, d'Aix, a pris le pseudo-
nyme caractéristique de *Cigalo dou Mount-Ventùri.*

Autour du socle colossal, en pierres de taille, base où
est fixée une **Croix de fer** de 7 mètres, s'élevant en tout
à plus de 18 mètres [1], on ne saurait se lasser de contempler la nature et le splendide horizon qui s'ouvre aux
quatre points cardinaux. Quatre inscriptions y répondent
on ne peut mieux à propos : au nord, tourné vers Paris, en
français ; à l'est, du côté de Rome, en latin ; au sud, vis-à-
vis Marseille, la phocéenne, en grec, et à l'ouest, en face
d'Aix la vieille capitale, en provençal.

Quel panorama, et quels souvenirs n'éveille-t-il pas ! Un
si vaste tableau est bien fait pour captiver les plus indiffé-
rents ; tel touriste qui fait l'ascension de Sainte-Victoire en
simple curieux, ne peut en descendre que touché profondé-
ment. Pour celui que la culture de l'esprit prédispose à ces
jouissances, quel charme n'éprouvera-t-il pas à la vue d'un
panorama sans pareil ?

Le sentiment du beau, dans la nature et dans l'art, dé-
cuple le bonheur de l'homme en présence d'objets découverts soudain ; un souvenir impérissable demeure en celui
qui en est pénétré, tandis que tout autre méprisera presque
ou oubliera facilement les trésors rencontrés à chaque pas
le long du pèlerinage de la vie !

Il faut s'arracher, enfin, à l'admiration de ce tableau
saisissant, et quitter cette altitude de près de 1,000 mètres
pour s'approcher du Garagaï, en descendant à environ deux
cents mètres vers le nord-est.

Le **Garagaï** est un abîme ou gouffre dont on dérive le
nom du latin *gurges* (même sens), ou du grec γαργαρεών,
gorge, gosier, d'après l'excellent félibre Verdot ; et d'après
d'autres, de Galla Caii, nom d'une prêtresse de Marius.
Cette dernière étymologie est la plus ordinairement adoptée,

---

[1] Commencée le 20 avril 1871, elle a été achevée le 15 mai 1875, et a
coûté près de 16,000 fr. Le sol a été gracieusement donné au curé Meissonnier, le vaillant promoteur, par le marquis d'Isoard-Vauvenargues.

quoique la moins vraisemblable, tant le nom de Caius
Marius a du prestige en tout et s'est implanté partout.

Quoiqu'il en soit de l'origine du nom, nous empruntons
ici quelques alinéas au compte rendu de l'exploration du
Garagaï du 20 août 1876, par MM. Bouche et Verdot.
Écoutons celui-ci, quittant un moment sa riche plume d'Oc
pour celle d'Oïl :

« Une idée scientifique, née d'une pieuse pensée, fait en
« ce moment son chemin en Provence. C'est l'exploration
« du gouffre que l'on rencontre dans la chaîne de la mon-
« tagne Sainte-Victoire, près d'Aix. Ce gouffre est fameux
« à cause des nombreux accidents qu'il présente et des ré-
« cits merveilleux dont la tradition l'a entouré... Il s'ap-
« pelle dans l'idiome local *Garagaï*, terme devenu, pour
« le peuple, la désignation de tout abîme, au sens propre
« comme au figuré....

« On est d'abord frappé, quand on arrive près du gouf-
« fre, par l'aspect grandiose de la roche qui bâille en
« gueule énorme et se suspend en voûte au-dessus d'un
« large banc très tourmenté et fortement incliné vers le
« midi. En dévalant, non sans difficultés, dans cette direc-
« tion, sur une étendue d'environ 30 mètres, on traverse
« la voûte de part en part, et on a devant soi deux trous,
« distants d'une vingtaine de mètres. Celui de droite, espè-
« ce de puits de 3 à 4 mètres, est d'un accès dangereux,
« parce qu'il se trouve entouré de rochers pointus, de pen-
« tes glissantes, et qu'il est situé au fond d'un escarpement
« formant précipice en face de Saint-Antonin. On a tou-
« jours désigné ce trou sous le nom de *Grand-Garagaï*,
« à cause de son orifice plus évasé que l'autre. Sa profon-
« deur, d'à peu près 32 mètres, a été appréciée le 31
« juillet dernier. Un brave ouvrier mineur, du nom de
« Mathieu Jury, dirigé par M. Bouche, ingénieur des
« mines de Gréasque, est descendu dans ce puits naturel....

« Le Garagaï qui se trouve sur le côté gauche s'accuse
« d'abord par une sorte de grotte, perforée obliquement
« jusqu'à 6 mètres au-dessous du sol ; là on est en pré-

« sence de deux nouvelles ouvertures, séparées par un
« seuil rocailleux horizontal....

« Malgré les périls de la situation, l'exploration projetée
« pour le 20 août a été opérée dans de bonnes conditions...
« C'est l'intrépide Jury qui, le premier, s'est encore aven-
« turé. Après lui est descendu M. Auguste Verdot, conduc-
« teur des Ponts et Chaussées, puis M. Louis Bouche,
« directeur des opérations. La descente se faisait au moyen
« de câbles...

« A 36 mètres de profondeur, les explorateurs, expédiés
« l'un après l'autre, ont atterri sur une plate-forme de 8 à
« 10 mètres de surface. Mais, en se tournant vers l'orien-
« tation nord-ouest, ils ont aperçu, tout près d'eux, un
« gouffre plus vaste que les autres et dont le fond doit être
« à 40 mètres en contre-bas...

« Il y aurait eu folie de leur part à s'approcher d'un tel
« abîme. Malgré le courage dont ils étaient armés, les ex-
« plorateurs ont éprouvé, en face de cet inconnu, un senti-
« ment bien légitime de terreur... Il est à présumer que le
« fond du gouffre où l'on n'a pu pénétrer est la cuvette
« dans laquelle se réunissent les écoulements de toutes ces
« cavités et qui contribue peut-être à alimenter la belle
« fontaine gallo-romaine de Saint-Antonin, ou les lacs
« Infernets, du côté d'Aix.

« Touristes de la sublime nature, touristes de l'idéal,
« montez à Sainte-Victoire ; descendez au Garagaï : venez,
« voyez et admirez ! »

Bien que le regretté majoral nous convie ardemment à la
visite de ces « Catacombes de la Provence », pour
laquelle on avait même projeté d'établir, dans ces derniers
temps, une Société dite du Garagaï, il faut croire, à en
juger par cet extrait d'un récit imprimé auquel sa rareté
et son exactitude nous ont engagé à faire un large emprunt,
que peu d'amateurs tenteront une entreprise aussi dan-
gereuse.

Après cette rapide lecture et l'aperçu des lieux, le visiteur suppléera par l'imagination à ce que ses yeux n'auront

point vu, et se figurera aisément ces superbes stalactites que les courageux explorateurs ont pu toucher les premiers.

Mais à défaut d'une descente au Garagaï, ce qu'on ne saurait oublier de l'ascension à Sainte-Victoire, c'est le panorama splendide s'étendant, entre Durance et Verdon, des Alpes du Forcalquiérois à la Méditerranée, et du département du Var jusqu'à la vaste Crau et aux rives du Rhône.

Et après avoir contemplé toutes ces splendeurs de la nature, on aimera encore à se rappeler cette œuvre monumentale dont nous voyons d'ici la tête toucher *ei pèd de Diéu*, « aux pieds de Dieu », selon l'expression imagée de notre langue harmonieuse, qui a si bien servi à célébrer

L'*EX-VOTO* DEI PROUVENÇAU

Santo Crous qu'avèn aubourado
Quouro douei nacien maucourado
Metien à fuec e sang e campèstre e ciéuta,
A toun assousto siguen fraire ;
E que jamai nouvèu mau-traire
Ensanousisse lou terraire,
Aubre de Pas, qu'à-z-Ais Meissemin a planta ! [1]

La descente peut s'opérer ou par la voie que l'on a suivie en montant, ou, au couchant, par Roques-Hautes et les carrières de marbre du Tholonet, ou bien encore par le Trou, vers le sud-ouest, que nous indiquions en commençant.

A défaut de cet itinéraire, et en compagnie de guides sûrs, on descendra, vers le sud-est, soit à Saint-Antonin, soit à l'ermitage de Saint-Ser, situé en la commune de Puyloubier. Les plus intrépides, parcourant, durant deux ou trois méchantes lieues, la cime de Sainte-Victoire à l'est, iront aboutir au hameau de Claps, tout à fait à l'ex-

[1] Sainte Croix par nous érigée — alors que deux nations en guerre — mettaient à feu et à sang les champs et les cités, — soyons frères sous ta protection ; — et que jamais nouvelle discorde — n'ensanglante le territoire, — Arbre de Paix, que (saint) Maximin a planté à Aix.

ré mité orientale de la chaîne et sur les confins du Var ;
de là, dirigeant leur marche vers Pourrières, ils visiteront
l'ancien camp retranché, dont le colonel Tirant a fait une
étude des plus attrayantes dans les *Mémoires de la Société
des Antiquaires de France.*

Et les ascensionnistes du mont de la Victoire seront à
deux pas du village de Pourrières, dont nous parlions tantôt, non loin des champs où s'élevait le monument
triomphal de Marius : il n'en reste guère aujourd'hui
que la base. Le dessin en a été heureusement reconstitué
par l'archéologue Isidore Gilles, dans son intéressant ouvrage : *Marius dans les Gaules.*

Ainsi, le mont et la plaine retentissent de ce grand nom,
et les visiteurs de Sainte-Victoire ne pourront qu'être sa-
tisfaits d'une ou deux journées si bien remplies : ils seront enchantés de tout ce qui s'est offert là-haut à leurs
yeux éblouis et des souvenirs évoqués en songeant aux
innombrables cohortes barbares qui ont failli par là en-
vahir Rome, jadis, — et à celles dont nous avons été pré-
servés, de nos jours, grâce à Dieu, et dont le beau
témoignage de reconnaissance brille au front du mont
Marius.

F. V.

Aix, le 24 janvier 1887.

Nous avons cité, en son lieu et place, la grande lithographie de M. de Magallon, la « Croix de Provence », que l'on peut se procurer facilement chez M. Martin, à Aix.

En appendice des pages qui précèdent, nous croyons utile de dire quelques mots, ici, de certains dessins, peintures et gravures représentant le mont Sainte-Victoire.

On trouve à la bibliothèque Méjanes de la ville d'Aix, dans le riche carton Saint-Vincens, sous le n° XCV bis, une petite peinture à l'huile, sur papier, de 30 c. de largeur sur 24 c. de hauteur. C'est un travail assez mal « réussi », mais qui offre la physionomie fidèle, croyons-nous, de l'état des lieux au siècle dernier. Le bien regretté bibliothécaire Rouard a écrit derrière la note suivante : Cette vue du couvent de Sainte-Victoire, donnée par M. de Lagoy, le 18 juin 1850, peut tenir lieu du dessin de M. Granet, qui représentait le même couvent, et qui paraît manquer depuis longtemps.

A la Méjanes, on trouve aussi, dans l'*Album Gondran*, magnifique recueil de photographies, un « Panorama de la ville d'Aix, partie occidentale vue de la Rotonde », où se détache parfaitement notre montagne superbe, et une autre épreuve, le « Barrage du canal Zola », en amont duquel se dresse plus superbe encore Sainte-Victoire.

Ensuite, trois photographies d'un très bel effet : la « Croix monumentale », en un format permettant d'en saisir tous les détails, et de fort jolies « Vues extérieure et intérieure de la chapelle et du couvent des Camaldules ».

M. et Mlle Coulleret, rue du Bœuf, conservent religieusement une véritable rareté, quatre tableautins à l'huile du célèbre graveur aixois, leur oncle. L'un de ces quatre tableautins, sur papier et à peu près du même format que la précédente peinture, est une vue de l'aqueduc des Pinchinats, d'une pureté et d'une douceur de ton remarquables ; un autre, et c'est celui dont le sujet nous arrête tout particulièrement, nous montre les bords de l'Arc près de la Guiramande, où l'on voit se dresser au loin notre « grand som », comme diraient les Dauphinois.

Une vue analogue, celle-ci une lithographie du même artiste Marius Reinaud, est la Vue du Pont-de-l'Arc, prise en aval, de façon que le sommet paraît à peine, au dernier plan, dominant tout le dessin.

Combien d'artistes ont exercé leur crayon pour saisir, de ce côté-ci surtout, ce majestueux relief qui fait l'admiration des étrangers et qui cadre si harmonieusement avec la chaîne du Luberon au nord, celle des Alpines à l'ouest, et, au sud, les prolongements de la chaîne de la Sainte-Baume jusqu'à la Nerthe ! Et ce que l'on pourrait moins connaître que les œuvres dont nous venons de parler, ce sont deux tableaux de dimensions un peu plus grandes, que l'on verra certainement avec plaisir chez un dilettante, M. Raymond Ferrier, à Aix, rue Thiers :

Le premier est dû au pinceau d'un amateur de notre ville, M. Imbert. C'est une très jolie vue du pont des Trois-Sautets, où, au troisième plan, se détache fort bien Sainte-Victoire. L'autre tableau représente le mont, en face d'Aix, dans toute sa majesté, tel qu'on peut l'admirer du quartier de Cuques, ou mieux, des Fenouillères, entre la Beauvale et l'Arc. Cette peinture, que l'on a beaucoup remarquée dans les vitrines de l'un de nos grands magasins, est un superbe effet de soleil couchant, qui fait le plus grand honneur au jeune peintre aixois Victor Combes.

Nous croyons devoir arrêter là notre rapide visite dans le domaine iconographique du mont Marius ou de la Victoire ; il nous suffira d'ajouter que, bien souvent, nous avons entendu maint artiste de grand talent, étranger à notre pays, s'exclamer en présence de tant d'admirables sujets qui tentaient leurs crayons ou leurs palettes.

EXCURSION D'AIX

AUX FIGONS PAR SAINT · MITRE

—

SAINT – MITRE

Pour se rendre d'Aix au hameau des Figons, il faut, à l'extrémité du cours des Minimes, prendre la route départementale d'Aix à Istres. Quand on a dépassé le couvent des Dames du St-Sacrement bâti sur l'emplacement de l'ancienne église épiscopale de N. D. de la Seds et le pont viaduc du chemin de fer des Alpes, on voit bientôt à droite un chemin dont l'origine est marquée par un oratoire. Ce chemin est un de ceux qui conduisent d'Aix au village d'Eguilles et à l'ancienne route de Salon. En suivant cette direction on ne tarde pas a traverser le hameau de St-Mitre qui porte le nom d'un des patrons de la ville d'Aix.

D'après la légende, Saint Mitre était grec d'origine, il vivait au IVme ou Vme Siècle. Il vint en Provence, quoique né libre, il accepta par humilité la condition d'esclave, et entra au service d'Arvandus, préteur romain qui siégeait à Aix à cette époque. Il était spécialement employé à cultiver une vigne que possédait son maître sur l'emplacement même qu'occupe le hameau. Tout en s'acquittant fidèlement des devoirs de sa charge, S. Mitre s'appliquait à convertir les payens par ses prédications et ses exemples, à secourir les pauvres et il ne craignait pas de reprocher à Arvandus les dérèglements de sa vie. Le Préteur irrité lui fit tendre un piège. Pendant la nuit la vigne confiée aux soins de Mitre fut dévastée, le jus des raisins fut exprimé dans des vases et le Saint fut accusé d'avoir détourné les fruits appartenants à son maître pour en faire des aumônes. Arvandus le fit jeter dans un cachot au fond d'une des tours

8

romaines du palais d'Aix, mais quand on voulut vérifier le prétendu larcin qu'on lui avait imputé, il se trouva que par miracle la vigne était plus chargée de fruits qu'auparavant. Le Préteur, furieux de l'insuccès de la calomnie qu'il avait imaginée condamna son esclave à être décapité. Cette injuste sentence fut exécutée dans la cour du Prétoire, mais le saint martyr ramassa sa tête que le bourreau venait d'abattre la prit entre ses mains, se dirigea vers l'église de N. D. de la Seds dont les cloches se mirent en branle d'elles mêmes, et arrivé devant l'autel il y déposa sa tête et rendit son âme à Dieu [1].

Telle est la Légende de S. Mitre, qui est représentée dans un tableau ancien qu'on peut voir à Saint-Sauveur dans une petite chapelle située derrière le maître-autel et dont on retrouve les principaux traits dans l'office de ce Saint qu'on célèbre dans le Diocèse d'Aix à la date du 13 novembre. Nous devons dire cependant que de Haitze l'historien d'Aix, dans un opuscule resté manuscrit intitulé : *La vie de Saint-Mitre, patron de la ville d'Aix, rétabli dans la pureté de l'histoire,* a contesté la plupart des faits merveilleux acceptés par la tradition. A ses yeux S. Mitre était sans doute un grand saint, un *confesseur* de la foi. Il était né à Aix dans une condition vraiment servile. Il avait souffert des persécutions, mais n'avait jamais subi le martyre, et quant au miracle des raisins et aux circonstances prodigieuses dont on entoure sa mort, ce ne seraient que des symboles que les peuples ignorants du Moyen-Age auraient pris pour des réalités. Il serait trop long de discuter ici les arguments sur lesquels de Haitze appuie son opinion. Nous nous bornerons à indiquer que Grégoire de Tours qui, dans son *Traité de la gloire des Confesseurs, chapitre 71,* nous a laissé le plus vieux document écrit qui existe sur la vie du patron de la ville d'Aix, ne classe pas ce saint parmi les *martyrs* mais parmi les *confesseurs.*

---

1. Voyez Roux-Alphéran. *Rues d'Aix,* T. II, page 419 et suiv. et les documents cités en note par cet auteur.

Les quelques lignes qu'il lui consacre nous apprennent seulement que S. Mitre était esclave, d'une haute sainteté (magnificæ sanctitatis) et qu'après avoir accompli le cours d'une vie consacrée aux bonnes œuvres il se retira vainqueur de ce siècle (à sæculo victor abscessit.)

Sur le bord du chemin qui traverse le hameau de Saint-Mitre, il existe depuis fort longtemps un oratoire en pierres de taille dans la niche duquel était placé le buste, ou plutôt le torse du saint, tenant sa tête entre les mains. Ce buste n'est plus aujourd'hui qu'un bloc de pierre informe.

Vers le milieu du XVIIme Siècle, la comtesse de Carcès passait un jour en carosse devant cet oratoire. Tout à coup, les chevaux s'arrêtèrent brusquement et rien ne put les décider à avancer. On s'aperçut alors que la tête du buste de S. Mitra s'était détachée, avait roulé sur la route et que l'attelage de la comtesse s'était refusé à la fouler aux pieds. Cet évènement ranima la dévotion des habitants d'Aix pour leur patron et on résolut de construire sur cet emplacement une chapelle et un hermitage. Les principaux promoteurs de cette œuvre pieuse furent la comtesse de Carcès elle-même, Honoré Mallet prêtre bénéficier de Saint-Sauveur, Jacques Maurice, Jean-Baptiste Boulin, Louise de Séas et Marguerite Isnard. Le terrain fut cédé gratuitement en février 1657 par M. Balthazard d'André, conseiller à la Cour des Comptes de Provence et peu de jours après on posa la première pierre de l'édifice avec l'autorisation du cardinal de Grimaldi, archevêque d'Aix [1]. Cette **chapelle** se composait d'une petite nef de deux travées seulement en ogive surbaissée avec nervures à la voute. La porte en plein cintre était de style byzantin. En avant de la chapelle il y avait une sorte de péristyle recouvert d'une charpente à toiture soutenue à sa partie antérieure par deux colonnes en granite. Ces colonnes formées de plusieurs tronçons ajoutés les uns aux autres, provenaient sans doute, des débris du mausolée antique enclavé dans l'ancien palais d'Aix.

1 De Haitze, *Histoire d'Aix*, Livre XXI, chap. 17.

La chapelle de Saint-Mitre à laquelle a été attaché pendant de longues années un service ecclésiastique est devenue un but de pèlerinage assez suivi, et l'on assure, que de nombreuses grâces ont été obtenues en ce lieu par l'intercession du saint patron de la ville. A l'époque de la Révolution, l'édifice religieux a été vendu et il n'a pas cessé depuis lors d'être une propriété privée. Nous croyons cependant qu'on y célébrait encore la messe sous la Restauration. Maintenant la chapelle qui existe encore a été transformée en un grenier à fourrage, que l'on a agrandi en fermant avec des murailles les vides de l'ancien péristyle.

Il y a une vingtaine d'années, en 1866, grâce au zèle et à l'initiative d'un saint prêtre, M. l'abbé Roman, chantre à la Métropole et aumônier de N. D. de la Seds, et de plusieurs propriétaires des environs, le culte de S. Mitre s'est ravivé dans le quartier qui porte son nom. Des souscriptions ont été recueillies, des subventions obtenues de la commune et de l'État, et sur les dessins de M. Huot, architecte de la ville, on a construit tout près de l'ancienne une **jolie église rurale** remarquable par son peristyle formé de trois arceaux byzantins soutenus par des colonnes.

LES MOURGUES

A l'extrémité du hameau de Saint-Mitre, le chemin se bifurque, la branche de droite se dirige par le *Pont rout* vers le sommet de la colline où elle va rejoindre le chemin qui, partant de la route nationale près de l'auberge de *Célony*, aboutit à *Eguilles*. Celle de gauche conduit plus directement aux Figons, en se rapprochant peu à peu de la ligne du chemin de fer des Alpes qu'elle atteint sur un point où l'on voit une maisonnette et un passage à niveau.

Ce passage correspond a un petit chemin rural, par lequel on peut monter sur un mamelon qui domine la voie ferrée du côté du nord et qu'on appelle *lou Coullet de la*

Tourré : C'est sur ce sommet qu'existait autrefois la *Tour du Pey-Blanc.* C'était une des six tours construites sous le règne de la reine Jeanne aux environs d'Aix et dont une seule, *la Tour de la Keirie* est encore debout [1]. La tour du Pey-Blanc a été détruite au milieu du XVI⁰ Siècle, mais de l'emplacement qu'elle occupait, on jouit d'un fort beau panorama. Au levant on aperçoit la ville d'Aix, les montagnes de Sainte-Victoire, de Regagnas et de la Sainte-Baume. Au midi se dessinent les chaînes de N.-D.-des-Anges et celle de l'Étoile au delà de laquelle on distingue les sommets de celle de Mazargues, au couchant on découvre le pont de Roquefavour, les ruines du vieux château de Ventabren et l'étang de Berre.

Quand, après avoir dépassé la maisonnette et le passage à niveau, on descend dans le vallon de Barral au fond duquel se trouve le souterrain du chemin de fer, l'on voit devant soi, un peu sur la droite, un coteau surmonté d'un plateau couronné de pins et à mi côte une construction assez considérable accompagné d'un pigeonnier, c'est ce qu'on appelle le hameau *des Mourgues,* Château-Blanc ou simplement Blanc. La propriété de cette petite agglomération de vieilles batisses et d'édifices plus récents est actuellement partagée entre les deux familles Raynaud de Pontès et Ollivier. Le nom *des Mourgues* indique clairement qu'il y avait là un monastère ; mais les religieux qui l'habitaient ont disparu longtemps avant la Révolution de 1789. A un kilomètre environ au sud-est des Mourgues, de l'autre côté du chemin des Figons, il y avait aussi un couvent de femmes dont l'emplacement est occupé par la maison de campagne des demoiselles Roure, désignée encore par le nom *des Monges.* A quel ordre appartenaient ces monastères ? C'est ce que nous n'avons pu découvrir. La tradition locale nous apprend seulement que c'étaient des « moines blancs ». Cette tradition dit encore que dans les flancs du coteau qui

1 Voyez sur ces tours. Roux-Alphéran. *Rues d'Aix,* t. I., page 649 note,

domine au nord l'ancien couvent des Mourgues, il doit y
avoir une chapelle souterraine et qu'un *Veau d'or* est caché
dans les environs Ce qui a pu donner naissance à cette
croyance populaire, c'est qu'on voit encore le commencement d'un passage voûté qui parait se diriger du côté de la
colline. Il est praticable dans une longueur de quelques
mètres mais on ne peut pénétrer plus loin.

Il parait qu'en cultivant ou en fouillant la terre aux environs des Mourgues, on a découvert les vestiges d'un
aqueduc romain et des fragments de bassins construits avec
un ciment tellement dur, qu'il a fallu employer la mine
pour désagréger les pierres. On a supposé que cet aqueduc
avait été établi pour amener des eaux provenant de la chaine
de *la Trévaresse* ou du vallon de *Concernade*. C'est peut
être à ces restes antiques que Pitton a voulu faire allusion
dans un passage de son histoire d'Aix [1] où il dit avoir vu
« les marques d'un aqueduc, surtout derrière la bastide des
« Alexis [2], qui est fait dans le rocher à pointe de ciseaux,
« de 3 pieds de largeur et de 10 de hauteur.... qui peut
« estre s'avance à plus de deux lieues sous terre, et » ajou-
te cet auteur, « ce qui est merveilleux et que peu de per-
« sonnes sçavent. quoy que très véritable, c'est que lors-
« qu'on dessecha un estang entre la Barben et Pélissane,
« c'est-à-dire à trois lieuës ou environ de l'endroit duquel
« nous parlons ; l'ingénieur qui avoit promis ce dessèche-
« ment ouvrit un trou au milieu de l'estang par lequel
« toute l'eau coula, et suivant un chemin souterrain, sortit
« par l'embouchure de cet aqueduc tout contre la bastide
« des Alexis ». Cette dernière allégation de Pitton nous
parait peu croyable ; car, nous ne pensons pas qu'il ait
existé près de La Barben ou de Pélissanne, un étang dont
le niveau put être supérieur à l'altitude du quartier des
Mourgues.

1 *Hist. d'Aix.* page 676.

2 La famille des Alexis a possédé autrefois la plus grande partie du
terroir avoisinant les *Figons* et les *Mourgues*.

Une opinion qui paraît beaucoup plus vraisemblable est celle de ceux qui prétendent que, de même qu'à *Entremonts* mais dans de moindres proportions, la colline qui domine l'ancien monastère a été le siège d'un camp retranché des Salyens. On assure qu'il a été trouvé dans ce lieu des débris d'armes gauloises, des fragments de poterie grossière pareils à ceux qu'on rencontre en si grande quantité à Entremonts et même qu'on a pu y reconnaître les traces d'anciens retranchements. Le plateau, aujourd'hui complanté en pins, qui forme le sommet de cette colline est étroit, quoique assez allongé dans la direction du nord au midi, il est coupé en deux par une dépression transversale. Au sud, à l'est et à l'ouest, il est bordé d'escarpements naturels qui en font une excellente position défensive. Il est donc à croire que les anciens habitants de la Provence n'ont pas négligé d'en profiter lorsqu'ils avaient à redouter les attaques de leurs ennemis.

Avant de quitter ce quartier nous ne devons pas oublier de mentionner ce qu'on appelle le *Vabré des Monges :* Le petit cours d'eau qui descend du vallon Mourgues, traverse le chemin des Figons à peu de distance, au couchant, du commencement de l'allée qui conduit aux Monges et à quelques pas de ce chemin, il se précipite tout à coup, dans une espèce de gouffre profond qu'une riche végétation a envahi et dont elle masque presque complètement l'ouverture. Lorsque la branche du canal du Verdon qui arrose ce quartier, déverse ses eaux dans le ravin des Mourgues, il y a là une belle **cascade** qui mérite réellement d'être visitée. Pour la voir dans les conditions les plus favorables il faut suivre la rive gauche du ravin jusqu'à une maison de campagne qui paraît abandonnée et tombe en ruines. De ce point on descend aisément au fond du *Vabre*. On peut en remonter le cours en se frayant un passage à travers les plantes de toute espèce qui le garnissent et l'on peut contempler bientôt la chute d'eau qui est certainement une des plus pittoresques qu'il y ait dans les environs d'Aix.

LES FIGONS

—

En poursuivant sa route par le chemin que nous avons suivi jusqu'à présent, on contourne la croupe du coteau des Mourgues et l'on aperçoit bientôt le hameau des Figons étendu au fond du vallon qui porte son nom, et dont les maisons s'étagent gracieusement les unes au dessus des autres entourées d'une verdure qui contraste avec la nudité des crêtes environnantes. Le vallon est complètement fermé du côté du nord et forme une sorte de niche dans laquelle le petit village est parfaitement abrité du mistral. Aussi la température y est douce en hiver. Les oliviers qu'on ne peut cultiver quelques centaines de mètres plus loin, sur le versant septentrional de la chaine d'Eguilles, prospèrent aux Figons sans redouter les froids rigoureux qui sont mortels pour cet arbre délicat. Les figuiers y abondent et produisent des fruits excellents et renommés. Nous croyons que le nom des *Figons* tire son étymologie des *figues* que produit son territoire, plutôt que du nom propre de *Figon* qui serait celui de quelques uns de ses anciens habitants. Si la dénomination du hameau qui nous occupe avait eu une origine de ce genre, il se serait plutôt appelé *les Alexis* ; car il est certain que pendant de longues années la race qui portait ce nom était dominante dans le pays et constituait la majorité de sa population.

En arrivant aux Figons on rencontre d'abord une petite place ombragée par des platanes. A gauche est une croix de mission ; à droite une source abondante et limpide fournit de l'eau à une fontaine où l'on abreuve les bestiaux et à un lavoir, dont les eaux arrosent ensuite quelques prairies. Non loin de là est une autre place où se trouve l'**église** autour de laquelle se groupent les principales maisons du village. Quelques unes reliées entr'elles par des voûtes présentent un aspect assez original.

A droite, en allant de la croix de la mission à la chapelle, on remarque une grosse pierre posée en guise de borne à l'entrée d'une petite cour, et sur laquelle sont gravées les lettres suivantes : ARELA. Cette pierre a été placée là par un propriétaire des Figons, qui l'a découverte dans un champ situé au dessous et au midi du hameau des Mourgues.

Dans un article sur les Figons, publié dans le *Mémorial d'Aix* à la date du 25 janvier 1840, l'inscription dont nous parlons est relatée. L'auteur de l'article l'a lue ainsi :

F
ARELAT , ce qu'il traduit par *Fines Arelatensium.* Il en conclut que la pierre en question marquait la limite du territoire d'Arles. Nous avons quelque peine à admettre cette explication ; car cette limite du territoire arlésien nous paraît bien près de la ville d'Aix et bien éloignée de celle d'Arles. Quoiqu'il en soit, aujourd'hui, la lettre T et une partie de la lettre A qui la précède ont complètement disparu. Quant à la lettre F placée au-dessus, ce n'est qu'en y regardant de très près que nous avons pu en distinguer le jambage vertical. Il nous paraît même très douteux qu'il y ait jamais eu là une F. Nous serions plutôt portés à y voir un I faisant partie d'un chiffre romain marquant un certain nombre de *milles ;* et nous inclinons à penser que cette borne indiquait simplement la route d'Arles et non la limite de son terroir.

Les habitants des Figons sont à peu près tous propriétaires agriculteurs cultivant leur propre champ. Ils sont laborieux, honnêtes et religieux. C'est un heureux pays qui possède une église et dans lequel on chercherait vainement un café, malheureusement l'existence calme dont on pourrait jouir dans cette paisible retraite, ne répond plus aux aspirations de l'époque moderne. Le hameau se dépeuple, plusieurs maisons sont abandonnées et quelques unes tombent de vétusté. Les jeunes gens quittent le village pour venir à Aix ou à Marseille, chercher dans le commerce ce qu'ils croient être la fortune et n'y trouvent souvent que la ruine.

L'église des Figons, qui porte sur sa façade le millésime

de 1704, n'offre rien de remarquable. C'est une chapelle aux proportions modestes que les pieuses filles du hameau s'appliquent à orner de leur mieux. Au siècle dernier elle était desservie par les PP. Trinitaires. Elle l'a été plus tard par le vicaire d'Eguilles[1]. Actuellement ce vicaire est supprimé ; c'est un prêtre d'Aix, rétribué par les cotisations recueillies dans le hameau, qui vient célébrer la messe le dimanche et les jours de fête. Depuis que les religieux ont été expulsés et que les lois nouvelles tendent à entraver le recrutement du clergé, les prêtres sont plus rares, il devient de plus en plus difficile d'assurer ce service. Les habitants des *Figons* sont menacés de la suppression de leur messe. Pour eux, toute proportion gardée, cette suppression serait une perte aussi sensible que le serait pour la ville d'Aix le transfert de ses Facultés ou de sa Cour. Dieu veuille qu'un pareil malheur soit épargné à l'humble hameau, aussi bien qu'à l'ancienne capitale de la Provence.

LA BASTIDE-FORTE

Il existait autrefois à peu de distance du hameau des Figons, un ancien temple ruiné connu sous la dénomination de *Bastido Fouërto*. Il n'en reste aujourd'hui que le nom que porte encore le quartier rural dans lequel il était situé.

Honoré Bouche et Jean-Scholastique Pitton, qui écrivaient au milieu du XVIIᵐᵉ Siècle, nous ont transmis la description de ces ruines[2], à la quelle ils ont joint un plan et des dessins pris sous divers aspects. On trouve aussi une vue de ce temple dans un recueil d'estampes fort

1 Les Figons appartiennent à la commune d'Eguilles quoique le hameau touche aux limites de celle d'Aix.

2 Voyez *Chorographie et histoire de Provence*, par Bouche, tome 1er parge 69 et *Histoire de la ville d'Aix* de Pitton, page 674.

rare, dont la Bibl othèque Méjanes possède un exemplaire.
Ce recueil est intitulé : *Antiquités de la ville d'Aix
fondée par Sextius Calvinus en 631 de la fondation de
Rome, dédié à messire Louis-Henri de Guillard-Lon-
jumeau de Ventabren, chevalier de Malte. 1760.* La
même vue est à peu près reproduite, quoique renversée de
droite à gauche, dans l'encadrement d'une *Carte géogra-
phique, historique et chronologique de Provence, gravée par Honore Coussin en 1758.*

Bouche et Pitton ne sont pas d'accord sur l'origine de ce
bâtiment antique. Le premier de ces historiens en fait un
monument druidique ; Pitton le considère comme un temple Romain et cette dernière opinion parait plus probable.

A l'aide des descriptions, du plan et des dessins qui nous
restent de la Bastide-Forte, on peut se faire une idée de
l'aspect que présentaient ces ruines il y a deux siècles. Le
temple avait la forme d'un rectangle d'environ 16 mètres
de long sur 8 mètres de large. Il était divisé en deux parties : la première, dont les murs étaient à peu près complètement écroulés et que Bouche appelle le *Pronaos*, formait
la partie septentrionale de la construction. La seconde qu'il
qualifie de sanctuaire ou *cella* était mieux conservée. Les
trois façades de l'est, du midi et de l'ouest étaient ornées
chacune de quatre pilastres, et deux arcs de voûte qui
avaient échappé à l'action destructive du temps, surmon-
taient encore ces restes d'édifice. Au centre de ce sanctuaire ou *cella*, se trouvait un trou extrêmement profond et nos
vieux historiens prétendent que les paysans du voisinage
avaient couvert l'ouverture de ce trou avec de grosses pierres, parcequ'ils en avaient vu souvent sortir des serpents,
des hiboux et des *spectres horribles.*

Aucune précaution n'ayant été prise pour la conservation de ce curieux monument, il a été démoli peu à peu.
Les voisins allaient y emprunter les matériaux dont ils
avaient besoin et au commencement de notre siècle sa destruction était entièrement consommée. On peut lire en
effet dans la *Statistique des Bouches-du-Rhône,* publiée

en 1824, qu'à cette époque , « quelques blocs encore
« oisifs sur le sol où fut le temple, le signalent seuls à la
« curiosité des amateurs » [1]. On dit qu'il y a une quinzai-
ne d'années, quelques uns de ces blocs existaient encore et
qu'au moment où on a établi la branche du canal du Verdon qui arrose ce quartier , les entrepreneurs ont utilisé
ces pierres pour la construction des ponts et l'empierrement des rigoles.

Actuellement, tout vestige du temple a disparu, son souvenir est même effacé de la mémoire des vieillards des
Figons et des campagnes environnantes. Voici cependant,
d'après les renseignements que nous avons eu quelque peine à nous procurer, quel était l'emplacement des ruines
dont nous venons de parler. Elles étaient situées près de la
limite de la commune d'Eguilles mais sur le territoire
d'Aix , à un kilomètre environ au sud du hameau des Figons, dans un champ où l'on voit encore un puits abandonné, en dessous d'un petit chemin ombragé à cet endroit
par quelques vieux chênes et enfin à cent et quelques
mètres à l'est d'une maison de campagne connue dans les
environs sous le nom de *Bastide forte* et appartenant à
M. Joseph Davin.

1 *Statistique des Bouches-du-Rhône*, tome II, page 420.

EXCURSION D'AIX

A SAINT-MARC

(Description pittoresque et géologique)

—

Si le voyageur fatigué des monotonies de la route d'Avignon ou des paysages plats qu'on aperçoit de la route de Berre, veut faire une excursion plus attrayante, qu'il aille sur la route de Vauvenargues jusqu'à St-Marc. Il ne regrettera pas l'emploi de sa journée.

La route de Vauvenargues part de l'est de la ville d'Aix, elle passe au pont de Béraud, au dessus du gracieux ruisseau de *la Torse*, que ses nombreux méandres à travers de vertes prairies ont ainsi fait nommer. De chaque côté des maisonnettes ensoleillées, des *bastidons*, en langage du pays, s'étagent sur les côteaux entre lesquels serpente la route.

Puis c'est le quartier des Trois-Bons-Dieux, qui tire son nom de trois statues fort anciennes et un peu frustes. Ces monuments de la piété de nos pères ont été mutilés dans ces derniers temps et détruits en partie par quelqu'inconoclaste stupide.

A gauche se détache le chemin de Repentance, vallon pittoresque et élevé. Le château de Repentance situé au fond de ce vallon mérite d'être vu.

Plus loin c'est le « Prignon » coquette villa placée au centre d'un amphithéâtre naturel, formé par un escarpement des roches. Rien de plus mouvementé, de plus torturé que le sol que l'on parcourt dans cette excursion. En partant d'Aix et dans tout le fond des vallées règne la molasse tertiaire avec hélix, nous la retrouverons encore plus loin. A droite la colline *des Pauvres*, d'une aridité désolante, mais massif rocheux très-riche en fossiles. Ce massif, composé surtout de lias, contient en grand nombre des térébratules, des rhynconnelles, panopées et belemnites. On y trouve surtout des ammonites, et le géologue qui aura quelques heures à dépenser sur ce terrain, trouvera une riche moisson à récolter.

A gauche se profile la silhouette imposante de la tour de la Kyrié ou Keyrié, aussi appelée, tour de César, dont il a déjà été question dans l'*Excursion d'Aix aux Pinchinuts*. On avait cru voir là un vestige de l'invasion romaine, mais il est aujourd'hui à peu près certain qu'il n'en est rien. A l'époque de l'invasion sarrazine cette tour servait d'observatoire, de poste avancé, d'où l'on pouvait facilement surveiller les mouvements des barbares. Des feux allumés la nuit, des signaux convenus, faisaient connaitre par une sorte de télégraphe aérien, les faits et gestes des barbares, leur marche, leur nombre, et les Templiers de St-Antonin ainsi prévenus pouvaient donner l'alarme aux habitants et préparer une énergique résistance.

Du pied de cette tour, le panorama est grandiose. Au nord-est les montagnes du Luberon et toutes les collines baignées par la Durance, à l'est le massif gigantesque de Ste-Victoire, le Sambuc et les montagnes qui dominent Jouques, traces d'un bouleversement géologique unique peut-être en Provence. Au sud le Pilon du Roi avec sa forme bizarre, et les montagnes de la Nerthe disparaissant dans les brumes de l'horizon. A l'ouest le Pont de Roquefavour finement découpé, les plateaux de Velaux et de Ventabren, et au fond enfin, une tache brillante, c'est l'étang de Berre.

On a de la peine à s'arracher à ce spectacle et à reprendre la route montante. D'autant plus, que voici la grande montée, célèbre par de nombreux accidents. Aujourd'hui l'administration des Ponts-et-Chaussées a fait rectifier la route que, si elle y perd en pittoresque, y gagne du moins en sécurité. La nature du sol se modifie. A partir de la ferme de Collongue, on remonte l'étage du lias jusqu'à sa partie supérieure. D'énormes blocs de roches surplombent la route, arrachés aux flancs du coteau. L'un d'eux bien connu des chasseurs et des touristes, rappelle le profil caractéristique de Louis XVI.

A quinze minutes de marche, la route commence à descendre. A gauche est un jardin, autrefois parc grandiose planté d'arbres séculaires. Au fond, de superbes marronniers cachent une source d'eau limpide qui sort d'un vase Louis XVI en pierre tendre et fort bien conservé; un portique monumental du siècle dernier soutient les terres de la colline.

A droite est l'avenue qui mène au château dé St-Marc : une colonne en granit, peut être une borne milliaire romaine, se trouve à l'entrée du chemin.

Le **château de Saint-Marc** flanqué de trois tours rondes, et d'une tour carrée, dite *tour des Templiers*, est merveilleusement placé. St-Marc porte le nom de Jaumegarde, on l'appelait aussi *San Marc dei planos*, ce qu'il faut traduire par St-Marc du plateau.

Les anciennes histoires des guerres de la succession de la reine Jeanne et du siège de Meyrargues par les troupes du roi en 1390 et année suivante, parlent d'un fort situé sur le plateau où est aujourd'hui le château de St-Marc, qui défendait la gorge de Vauvenargues et le terroir d'Aix. Il appartenait au domaine des Comtes de Provence. Le roi René l'inféoda à Robin, son médecin. Le fief de St-Marc fut vendu par la suite à Jacques Garde, d'où le nom de *Jaumegarde*. La famille du Puget a possédé la terre de St-Marc après celle de Vins. Au commencement du XVIIIᵐᵉ Siècle, St-Marc fut vendu par le fils de M. du Puget, capitaine des gardes du duc de Mercœur, au frère cadet de M. de Meyronnet, marquis de Châteauneuf et la terre fut érigée en baronnie, par le roi, à son profit en 1655.

A la porte principale du château, un portique en pierre grossièrement sculpté est certainement un vestige de l'ancien fort. Une pente rapide et adrupte descend du château à la route de Vauvenargues. C'est là que commence la série jurassique qui continue jusqu'à Vauvenargues et que l'on retrouvera encore plus loin. Des marnes grises et bleuâtres, que des reboisements commencent à dissimuler, appartiennent à l'étage exfordier et sont remplies de petites ammonites ferrugineuses à reflets métalliques, fort recherchées par les géologues. A l'est du château s'élève la masse énorme de Ste-Victoire, mont datant ainsi que tout le régime des collines qui en dépendent, de l'époque éocène.

A droite est l'Infernet, paysage sauvage mais pittoresque, En suivant ce vallon, le voyageur arrive au Barrage qui alimente le canal Zola.

Nous arrêtons ici notre excursion pour ne pas empiéter sur celle du Tholonet.

La commune de Saint-Marc est une des plus petites de l'arrondissement d'Aix, elle compte seulement 112 habitants; 10 kilomètres la sépare d'Aix. Son **église** contient deux tableaux qui méritent d'être vus, c'est un *Christ en Croix*, très bonne copie de Rubens, et un *Christ jardinier* de Finsonius, don de M. le baron de St-Marc.

EXCURSION D'AIX

AU CHATEAU DE LA BARBEN

—

Le château de la Barben, appartenant au marquis de Forbin, est à environ 24 kilomètres d'Aix ; on y parvient en suivant la route de Paris à Antibes jusqu'à St-Cannat et de cette ville à la Barben par la route départementale d'Arles à Nimes.

En sortant d'Aix, après avoir gravi pendant plus d'un kilomètre une interminable montée, on arrive aux Platrières dont les terrains sont fertiles en richesses géologiques. On traverse la voie ferrée près du château de la Calade, en laissant à sa droite la Sextia, ancienne résidence du général Miollis, et plus loin, tout près de la Montauronne, où se trouvait il n'y a pas longtemps une ferme école renommée, on entre dans une vaste plaine où en 1830 le duc d'Angoulème passa en revue les troupes qui allaient partir pour la conquête d'Alger.

Après être arrivé à **Saint-Cannat**, village de 1,400 habitants, où s'élevait autrefois un vaste château qui avait appartenu à l'illustre Bailly de Suffren, né dans cette ville en 1726, on rencontre à quelque distance plus loin le château de Valmousse, il avait passé de la famille du Queylar dans celle de Colla de Pradines, et de celle-ci aux barons de Castillon, depuis il a été vendu.

Entre la Touloubre, qui se dirige en grondant vers la Barben à travers un vallon pittoresque couvert d'arbres séculaires, et la forêt de pins qui occupe plusieurs lieues de terrain, où se fait un grand commerce de résine, dominé par les grandes arches de l'aqueduc qui conduit les eaux de la Durance à Marseille et, qui vont un peu plus loin, traverser un vaste souterrain ; Valmousse se trouve dans une

9

situation ravissante. Encore quelques centaines de mètres et nous sommes au château de la Barben. L'emplacement qu'il domine, serait selon quelques auteurs l'ancienne Pisavis près de laquelle passait la voie Aurélienne.

Les Romains avaient dans les environs et au bord de la Touloubre de nombreuses villas et les Templiers plus tard y fondèrent un hospice qui occupait la place de l'église actuelle.

On ignore l'époque précise de la construction du château qui est fort ancienne. La terre appartenait primitivement à l'abbaye de St-Victor à qui elle avait été confirmée par l'Archevêque d'Aix. L'acte est de 908. Elle passa peu après dans la famille de Pontevès qui possédait dans le voisinage la seigneurie de Lambesc. Guillaume de Pontevès, au dire de Nostradamus, s'étant jeté dans le parti de Charles de Duras et du vicomte de Turenne, fut dépouillé de sa terre de la Barben par Louis II qui en fit don à Bertrand Boitard, son écuyer. Le roi René la réunit au domaine et la céda en 1452 à Frédéric de Lorraine et à Yolande sa fille aînée. En 1474 Yolande, duchesse de Lorraine, donna au roi René le château de la Barben, en échange de celui de Valbonnette, et la même année le roi René vendit cette terre à noble Jean de Forbin pour la somme de 4,000 florins. Dans la quittance du 15 juillet 1474 donnée par le roi, il est mentionné que 2,000 florins furent payés directement au roi René, mille au sieur Elzéar Rodulph, gouverneur du château de St-Cannat, pour y être employés en réparations, et les mille restant à Claude de Bellemont, destinés au même but, pour une maison appartenant au roi René à Marseille.

La famille de Forbin, originaire d'Écosse, était connue en Provence depuis Pierre de Forbin qui fit son testament à Avignon le 26 janvier 1362. Ce fut Jean II l'arrière petit-fils de celui-ci qui acheta la Barben au roi René, il fut nommé en 1488 premier consul de Marseille ; son frère Palamède, seigneur de Soliers, à cause de ses talents et de ses rares qualités fut surnommé le grand par ses contemporains. Il se distingua en effet dans les guerres de Gênes et de Naples, triompha partout en Catalogne et le fils de René lui dut le choix que les Catalans firent de lui pour leur souverain [1].

Le roi René avait offert la Provence à la Lorraine, les hésitations du duc, mari de sa fille Yolande, furent aussi-tôt exploitées par Palamède qui fit valoir auprès de son maître la conduite toute différente du roi Louis XI. Pala-mède ménagea si adroitement l'esprit de Charles d'Anjou, roi de Naples et de Sicile, comte de Provence et héritier du roi René, qu'il lui persuada de laisser ses états au roi Louis XI, ce que le prince fit par son testament du 10 dé-cembre 1481.

Après la mort de Charles d'Anjou, Louis XI nomma Palamède lieutenant-général de Provence et lui donna la commission de tenir les Etats et de recevoir les serments de fidélité des gentilhommes, de donner des grâces, de confirmer des privilèges, etc. Les mémoires du temps ra-content même que Louis XI en lui laissant exercer en Provence un pouvoir presque absolu, lui aurait adressé les paroles suivantes, qui sont devenues la devise des Forbin : « Tu m'as fait comte (de Provence) je te fais roi [2] ».

Tant de faveurs excitèrent la haine des envieux qui réussirent sous Charles VIII, successeur de Louis XI, à l'obliger de céder à François de Luxembourg sa charge de gouverneur de Provence. Cette disgrâce n'enleva rien à la gloire de Palamède qui continua de servir l'Etat avec fidélité et mourut à Aix en 1508 [3].

Le nom de Forbin rappelle aussi à la mémoire la vie glorieuse du chef d'escadre, le chevalier de Forbin. Il est bon par le temps qui court de rappeler au souvenir des contemporains les actes glorieux du temps passé. Marin dès sa plus grande jeunesse, après avoir été grand amiral du

---

1 *Discours historique.* Conquet.—Marseille.

2 *Pierre Larousse.* Tome VIII, page 586.

3 *Dictionnaire de la Provence.*—Marseille. 1786.

roi de Siam en 1686. Le 2 octobre 1706, avec cinq petits vaisseaux et deux flûtes, Forbin attaquait près du Texel la flotte ennemie forte de six vaisseaux de guerre de 50 à 60 canons ; il enlevait l'un d'eux, brûlait l'autre, coulait le troisième et dispersait le reste. Il fut pour ce fait nommé chef d'escadre. Sa vie ne fut plus alors qu'une suite de combats et de succès. Joint à Duguay-Trouin, il fond avec lui sur une flotte Anglaise de 120 voiles, escortée par cinq vaisseaux de guerre, dont 3 furent pris, un quatrième de 86 pièces de canons, chargé de 900 hommes, sauta en l'air, et plusieurs des navires marchands furent enlevés. Après avoir servi glorieusement pendant 44 ans, il mourut à St-Marcel près de Marseille à l'âge de 77 ans [1].

Le château de la Barben, bâti à différentes époques, fut en partie brûlé et démoli en 1630, lors de l'édit des Elus du roi Louis XIII qui occasionna les troubles des « Cascaveoux », ainsi appelés par ce que les factieux portaient des grelots au bout d'une courroie.

Selon les uns, l'édit des Elus enlevait à la nation Provençale son régime et la privait de l'étendue attachée au mot propriété, dont les Celtes ont toujours été si jaloux, il anéantissait les Etats et assimilait la Provence aux pays d'élection ; selon les autres, les Etats anciens étant remplacés par un plus grand nombre de tribunaux, les protecteurs du peuple n'en auraient été que plus nombreux.

Quoi qu'il en soit, — par son arrêt du 18 octobre, le Parlement malgré l'opposition de son président, fit défense à toutes personnes de traiter de ces offices nouveaux, ni de les exercer à peine de 10,000 livres d'amende. Sur la plainte du président onze magistrats furent exilés à Mâcon, la crainte s'empara des autres, le décret fut rapporté et l'édit vérifié. A cette nouvelle le peuple se souleva. Pierre Ollivier, conseiller au Parlement, chargé du gouvernement en l'absence du duc de Guise, fit les plus grands efforts pour le contenir, mais ils furent inutiles. Le 4 novembre

---

1 *Mémoires du comte de Forbin.*—Jean Mossi. Marseille, 1781.

1630, une troupe de factieux associés avec plusieurs habitants de Rians, Lambesc, Pélissanne, Eguilles, St-Cannat, Ventabren et autres lieux, à un nombre d'environ 2,500 hommes, conduit par le seigneur de Châteauneuf, de la famille de Joannis, lui-même, sortit d'Aix et marcha sur la Barben où on lui avait persuadé que le seigneur tenait pour le Roi et les Elus. Le château, pris d'assaut, fut en partie démoli et les campagnes et les bois furent saccagés et brûlés. Le prince de Condé arrivant devant Aix avec 8,000 hommes, le calme fut bientôt rétabli [1].

Pitton, dans son histoire de la ville d'Aix, raconte que les insurgés rapportèrent à Aix les bois de pins coupés dans la forêt de la Barben qui furent payés plus chèrement, dit-il, que s'ils eussent été de bois de cèdre, de canelle, ou de ce merveilleux arbrisseau dont la gomme découle. Le Roi en effet à la demande de la Province accorda le rétablissement des deux Cours Souveraines, mais les Etats convoqués à Tarascon s'obligèrent à payer au roi dans l'espace de 4 ans la somme de 1,500,000 livres et la ville d'Aix après avoir été privée pendant trois ans du droit d'élire ses Consuls, fut condamnée par le Roi à indemniser de ses deniers les seigneurs de Paule, de Forbin et autres, des dommages occasionnés dans leurs propriétés par les « Cascaveoux » [2].

Le château de la Barben [3], est un entassement de tours, de tourelles, de plateformes et de terrasses, il est assis sur un énorme rocher, qui s'avance au confluent de la Touloubre et du vallon de la Quatruie, sa forme est tellement étrange du coté du nord qu'on dirait qu'il a été taillé par la main des hommes. A peine a-t-on passé le pont de la Touloubre, dont une cascade bruyante annonce le voisi-

1 Voir l'*Essai sur l'Histoire de Provence*. pages 192 et suivantes. Voir aussi l'*Histoire de Provence* d'Augustin Fabre.

2 Voir les *Essais historiques sur le Parlement de Provence* par Prosper Cabasse. Tome II, page 123 et suivantes.

3 Chronique du *Figaro* du 29 octobre 1881.

nage, qu'on se trouve dans des jardins français dessinés par
Le Nôtre. Il y a des bassins, des jets d'eau, des corbeilles
de fleurs et des arbres magnifiques. Le vallon qui se trouve
derrière le château rappelle les sites les plus riants de la
Suisse.

Les terrassements partent du jardin, une pente très
douce conduit à la première plateforme. Ces terrasses, qui
faisaient partie des fortifications du château, sont percées
de fenêtres à croisillons; de distance en distance se trouvent des tours avec poterne et pont-levis. Les voitures s'arrêtent à la seconde terrasse il faut pénétrer dans une
tour, de là un vaste escalier conduit à une troisième terrasse sur laquelle s'élève le château proprement dit dont on
aperçoit la façade qui se compose d'un corps de logis crénelé, flanqué de deux tours aussi crénelées. A gauche la
tour « Forbin » où séjourna le grand Palamède ; à droite la
chapelle gothique dédiée à Ste Rosseline. De cette terrasse
on jouit d'une vue splendide sur la vaste plaine de Pélissanne et de Salon et le regard n'est arrêté que par les collines
qui enserrent l'étang de Berre.

Un fort bel escalier conduit à l'intérieur du château,
dont les pièces sont vastes, nombreuses et élégamment
meublées. Les poutrelles sont ornées des devises et des em-
blèmes des chevaliers qui prirent part au dernier tournoi qui
eut lieu en Provence. Dans la grande salle se trouvent des
portraits de famille, elle est comme présidée par le buste
plus grand que nature du chef d'escadre de Forbin, dont
l'original est au musée de Versailles ; à gauche un portrait
du grand Palamède qui réunit la Provence à la France ; en
face le cardinal de Forbin-Janson, ambassadeur de France
en Pologne ; à la suite d'autres portraits du temps dont
deux peints par Vanloo et un par Rigaud qui est un chef
d'œuvre ; cette galerie contient en outre, les portraits de
Mme de Sévigné et de Mme de Grignan. Dans la **chapelle**
on voit une *Nativité de la Vierge* peinte par Daret.

St Vincent-de-Paul, d'après la tradition aurait couché
dans une chambre du château. Le peintre Granet y fit v^r

long séjour et employa les loisirs de sa villégiature à peindre entièrement la chambre qu'il habitait et où il reproduisit en partie les fresques des loges de Raphaël.

Que dirais-je de plus au lecteur ? Parlerais-je des habitants du château : le marquis et la marquise de Forbin-la Barben, née de Villeneuve-Trans ? Leur grâce et leur hospitalité sont si parfaites qu'elles motiveraient à elles seules cette excursion si ce que je viens d'en raconter ne suffisait pas.

Aix, 18 février 1888.

EXCURSION D'AIX

A SAINT - ANTONIN

—

Saint-Antonin est un petit village situé littéralement au pied de la masse rocheuse de Sainte-Victoire, immédiatement au-dessous de la Croix de Provence et de l'échancrure taillée qui permet aux rayons de soleil de chauffer les murs plus ou moins ruinés de l'ermitage. Petit est bien le mot, car il se compose de *six* habitations parmi lesquelles l'église, le presbytère, la mairie et le château appartenant depuis peu à madame la comtesse de Fitz-James, après avoir été possédé par M. Ollivier et avant lui par M. de Laboulie. Qu'on ne cherche pas plus loin une agglomération plus considérable ; car, à l'heure actuelle, la population de Saint-Antonin se compose de 91 habitants.

Mais, pour être minuscule, le village n'en est pas moins agréable et l'on est très-surpris, lorsqu'on atteint le but que l'on s'est proposé, de se trouver au milieu de prairies, de longues rangées d'arbres, de fontaines jaillissantes et de cascades tapageuses.

Comme la plupart de petites localités de Provence le village et le château n'ont pas toujours été dans la plaine.

L'ancien château de Saint-Antonin *(Castrum Sancti Antonini)*, s'élevait sur un rocher escarpé, bien au-dessus de l'emplacement actuel du village, et cependant, malgré sa position avantageuse et presque inaccessible, il n'a pu échapper aux malheurs et à la destruction. Un acte du 16 avril 1464, notaire Guiran, à Aix, parle de Saint-Antonin comme d'un château inhabité et détruit à cause des guerres *(castrum inhabitatum in œdificiis destructum propter guerras)*.

La population, chassée par les invasions et les maladies, abandonna le domaine qui se changea en désert envahi par

10

les forêts (*omnino inhabilatus et nemorosus*) dit le même acte. C'est alors que quelques particuliers des environs demandèrent humblement *(humiliter postularunt)* à Pierre de Napoli, infirmier de Saint-Victor de leur permettre d'y s'établir : mais de nouveaux malheurs étant venu disperser la colonie naissante, l'abbé de Saint-Victor, par acte du 27 décembre 1489, donna la terre de Saint-Antonin, en arrière fief, à messire Guillaume du Puget, chanoine d'Aix, et le domaine, sous la protection immédiate du nouveau seigneur, se releva de ses ruines. Les terres furent défrichées et avec le retour de la sécurité le village descendit dans la plaine. Quelques pans de murailles démantelées indiquent seuls aujourd'hui l'emplacement de l'ancien château du Moyen-Âge.

On arrive d'Aix à Saint-Antonin par l'unique chemin vicinal qui passe par le Tholonet et se dirige vers l'est, parallèlement à la montagne de Sainte-Victoire qui semble s'élever d'autant plus que l'on s'en approche davantage. A peu près à mi-chemin du Tholonet à Saint-Antonin, on aperçoit, au sud, Beaurecueil, autre village qui serait encore plus minuscule que Saint-Antonin, s'il n'y avait l'immense château que M. l'abbé Fissiaux a converti en colonie pénitentiaire agricole, et d'où les jeunes détenus ont été enlevés depuis quelques années.

Ne nous attardons pas à Beaurecueil que les documents du XVIIᵐᵉ Siècle nomment conjointement avec Roques-Hautes : lieu de Beaurecueil et Roqueshautes. (On est prié de prononcer Roquezautes, preuve certaine qu'autrefois on disait : *Rocas altas*). Gravissant le chemin vicinal qui vient d'être tout nouvellement remis en état et qui décrit des courbes considérables, on monte continuellement. La route suit presque constamment les bords d'un ruisseau assez encaissé entre ses deux berges, mais roulant sur la roche vive que les eaux ont entamé en maints endroits. Dans certaines parties même, la violence du courant a été assez puissante pour rouler des blocs considérables. De temps en temps une bande de rochers coupe transversalement le lit de ce ruisseau et l'oblige à se précipiter en cascades de plusieurs mètres de hauteur.

Ce cours d'eau s'appelle Bayon ; si nous le traitons de ruisseau, c'est qu'en temps ordinaire il a l'aspect bénévole : mais gare, lorsque tombent les pluies d'orage ! le Bayon change de caractère et se précipite dans la dicection du Tholonet sous la forme d'un torrent impétueux.

Le Bayon naît immédiatement au dessus de Saint-Antonin ; il est formé par les sources qui coulent au pied de l'escarpement de Sainte-Victoire. La plus belle de ces sources est assurément celle que l'on appelle la *Fontaine romaine* parce que c'est elle qui, selon toute apparence, était jadis conduite à Aix par l'aqueduc dont il est facile de retrouver non pas les traces, mais des fragments tout entiers.

L'origine même du ruisseau de Bayon remonte au pied du mamelon sur lequel se trouve l'*oppidum* dont nous voulons parler et que les gens du pays appellent également Bayon.

Ce monticule commence aux maisons qui constituent le village de Saint-Antonin. Il se montre, de là, sous un aspect assez séduisant, au moins dans la partie inférieure ; il y a là des pins, des bruyères, quelques petits chênes ; le sol argileux est de couleur rougeâtre. Au sommet on aperçoit bien la roche nue et grise, mais cette roche a l'air si petite ! Au dessus apparaît un fragment d'un vieux mur dont l'arête est droite et aiguë. Cette ruine a reçu le nom de *dent*.

Il faut être en train de faire l'ascension, pour s'apercevoir qu'elle n'est pas des plus faciles ; au fur et à mesure que l'on monte, le rocher, surplombe si bien qu'il semble devenir inaccessible. Mais il y a des sentiers secrets pratiqués par les bergers et c'est un berger qui nous conduisait.

A notre grande surprise, au lieu d'une crête étroite, nous trouvâmes le sommet de Bayon large de cent mètres au moins et long de trois cent mètres environ.

De tous les côtés, sauf celui par lequel nous l'avions

abordé, nous aperçûmes des murs formés en rochers posés les uns sur les autres à sec et suivant les contours du plateau. Ces murs, il n'y a pas à en douter, sont de construction celtique.

Notre vue avait d'abord été frappée par ce qu'on nous avait désigné, du village, sous le nom de *dent*. Cette *dent* est un mur en moellon taillés au marteau et appareillés, dans le genre de ceux que l'on trouve en Provence dans des positions analogues. Il a sept à huit mètres de long et trois mètres environ de haut. L'appareil intact, du côté nord, est détruit du côté du midi. C'est un débris du *castelas* qui a dû être construit au XIme ou XIIme Siècle, à l'époque où tous les rochers ayant porté des habitats celtiques ou *oppidum* gaulois se hérissaient de tours et de remparts.

Comme tous les re. nchements ou lieux de défense construits ou habités par nos pères, l'*oppidum* de Saint-Antonin est établi dans des conditions que nous appellerions volontiers classiques. La vue s'étend sur le vallon qui court depuis Puyloubier jusqu'au Tholonet, de façon à distinguer au loin tout ce qui s'y passe ; mais, de là aussi, on aperçoit distinctement la cime de l'Olympe et les sommets de l'Etoile. L'horizon est nul du côté nord, puisque le plateau touche même le pied de la masse rocheuse de Sainte-Victoire, mais il est évident qu'une vigie, placée à l'endroit où se trouve actuellement la Croix de Provence, était suffisante pour correspondre avec Bayon ; nous dirons plus : Bayon était l'habitat, le gîte du poste de Sainte-Victoire, qui, vu son altitude, ne pouvait offrir aucun abri aux habitants.

Ce qui nous frappa à Bayon ce fut non pas la quantité, mais l'*énorme quantité* de débris de poteries de toute espèce, de toute forme et de tout âge qui se trouvent sur le plateau. Nous y avons ramassé des fragments de vases les plus grossiers et de coupes les plus fines. Il y a, couchés côte à côte, des ustensiles de terre qui ont été fabriquées à des centaines d'années de distance, preuve certaine que cet *oppidum* a été habité pendant plusieurs siècles, depuis l'époque la plus reculée jusqu'au XVIme ou XVIIme Siècles peut-être.

L'existence de l'*oppidum* n'est pas affirmée seulement par sa position élevée, son découvert, ses murs en pierres sèches et ses débris de poteries : elle est démontrée par le voisinage de sources, le nombre de grottes et l'ancienneté de son pèlerinage.

Sans parler des eaux qui alimentaient les aqueducs d'Aix et qui sont si abondantes, mentionnons quelques sources qui coulent du pied même de Sainte-Victoire et, entre autres, celle que les paysans nomment *Cabrot* et qui est la véritable origine du ruisseau de Bayon. Sans sortir de leur habitat, les indigènes pouvaient s'alimenter largement et défier les atteintes de la soif.

Comme grottes ou cavernes, on pourrait citer un grand nombre de creux qui se montrent sur un flanc de rocher, mais nous désignerons particulièrement la *beaume* qui porte le nom d'*Angeline*. N'oublions pas que nous sommes dans la région des crevasses mystérieuses et que, au-dessus de toutes, se montre distinctement l'ouverture du sombre *Garagaï*.

Et, maintenant, qu'on entende raconter aux bergers les légendes et qu'on leur fasse énumérer tout ce qui a été trouvé sur ce sol encore inexploré : fragments de fer et de bronze, monnaies de toute sortes, *poissons d'argent* et bien d'autres choses encore ; les récits merveilleux corroboreront tout ce que nous avons dit :

C'était un oppidum gaulois.

Des souvenirs historiques très importants se rattachent à **Bayles**, ferme située à une bonne demi lieue de Saint-Antonin, du côté de l'est. Elle est aujourd'hui la propriété de Mme de Fitz-James et appartenait jadis à l'ordre des Templiers.

Un gros corps de bâtiments entouré d'une vaste enceinte de murailles épaisses avec des traces bien distinctes des tours carrées placées aux angles, les restes d'une chapelle et une porte voûtée en ogive, construite solidement en pierre de taille et portant la couleur vénérable de plusieurs siècles annoncent au premier coup d'œil un établissement considérable. Quoique la façade, du côté du midi, ait été rebâtie postérieurement, on y a conservé, ou peut-être seulement encastré dans le mur, une large croisée à compartiments, et au-dessus de la petite porte d'entrée deux plaques de pierres sculptées et représentant la croix des templiers, et une étoile à rayons ondés.

On sait que l'ordre des Templiers, institué en 1118 sous le nom de confrérie *des pauvres de la sainte cité*, est devenu plus tard, très puissant et très riche, et qu'il possédait, en Europe au commencement du XIVᵐᵉ Siècle, près de dix mille couvens ou seigneuries. Raymond-Bérenger Iᵉʳ, comte de Provence, quitta le trône pour se faire templier.

Il n'entre pas dans notre sujet de discuter les causes qui ont amené la destruction de cet ordre. D'ailleurs les opinions des historiens diffèrent entr'elles, et Dieu seul peut savoir si Jacques de Molay avec ses compagnons brûlés sur un bûcher et d'autres chevaliers expirés dans les horribles tortures de l'inquisition, ont expié des torts réels, ou furent victimes de fausses et absurdes accusations.

Charles II, comte de Provence de la première maison d'Anjou, cédant aux conseils de Philippe-le-Bel, roi de France, et aux ordres du pape Clément V (*sicut de speciali et expresso mandato domini nostri summi pontificis*) par ses lettres datées de Marseille du 13 janvier 1307, ordonna à tous ses officiers, juges, viguiers et lieutenants, de faire saisir, le 24 du même mois à la pointe du jour, tous les templiers établis en Provence, et de s'emparer de leurs biens.

L'ordre des Templiers possédait, dans la ville d'Aix, une église sous l'invocation de Sᵗᵉ-Catherine et une grande maison d'habitation avec des vastes écuries. Aujourd'hui il n'existe plus de traces de ces bâtiments qui s'élevaient à l'emplacement où sont maintenant les prisons : ils furent détruits en 1788. Les domaines de Bayles et de la Galinière dépendaient de cette commanderie.

Le jour indiqué, entre quatre et cinq heures du matin, Pierre Gantelme, chevalier et viguier de la ville d'Aix, accompagné de Pons Garnier, juge, firent ouvrir les portes de la maison des templiers et arrêtèrent trois chevaliers qui étaient encore couchés dans leurs lits (le quatrième prit la fuite). Le procès-verbal, dressé le même jour et conservé dans les archives de l'ancien Parlement d'Aix, prouve que la communauté n'était pas riche en meubles ni en vaisselle ; les écuries renfermaient les valeurs les plus considérables : elles consistaient en 36 chevaux, 16 vaches et 9 taureaux. A Bayles on ne trouva qu'un templier nommé Raymond Perdigon et un cheval.

Le nombre des chevaliers arrêtés en Provence s'élevait à 48, dont 27 ont été enfermés dans le château de Meyrargues, et 21 dans la forteresse de Pertuis ; Albert de Blacas, précepteur d'Aix, fut parmi ces derniers.

On ne sait rien de certain sur le sort ultérieur des prisodniers ; Nostradamus affirme qu'ils furent condamnés à mort comme en France : Bouche, Papon et Raynouard, s'accordent à dire qu'ils n'ont eu à subir que la détention. Enfin la tradition qui se perpétue à Bayles et dans les villages voisins raconte qu'on en a noyé plusieurs dans le grand puits qui se voit encore à Bayles, à vingt pas de la ferme.

Ce puits, construit en maçonnerie fort ancienne, est très curieux à cause de sa forme, qui est celle d'un entonnoir renversé : mince à son ouverture et s'élargissant vers la base.

En 1309, sous Robert, comte de Provence, les biens des Templiers ont été donnés en grande partie à l'Ordre de Malte. Antoine de Pontevès, commandeur d'Aix , céda Bayles à Guillaume du Puget, seigneur de Saint-Antonin, à bail perpétuel, et depuis ce temps (1485) ces deux propriétés ont eu un sort commun.

EXCURSION D'AIX

A FONTAINE · L'ÉVÊQUE

—

Il serait trop long d'énumérer tous les avantages et les nombreux agréments que nous procurent depuis quelques années les eaux sinon très limpides au moins très bienfaisantes du **Canal du Verdon.**

Une grande partie de l'arrondissement d'Aix, et surtout le territoire de notre ancienne capitale de la Provence, mourait régulièrement de soif. Chaque année le soleil brûlant de l'été calcinait son sol attristé, nos terres ne donnaient que de maigres récoltes et souvent la chute des feuilles précédait l'automne.

Plusieurs fois le conseil municipal d'Aix avait cherché à porter remède à cet état vraiment lamentable. Un moment les Aixois avaient cru pouvoir profiter de ce grand canal, qui, dérivé de la Durance entre Meyrargues et le Puy-Ste-Réparade, traverse une partie de l'arrondissement pour aller féconder le terroir de Marseille et faire reverdir sa campagne et ses coteaux, bien dénudés aussi. Le conseil qui siégeait à la Mairie d'Aix, au lieu d'accepter avec empressement les propositions qui lui étaient faites, posa certaines conditions que notre opulente voisine crut devoir refuser, et le *canal de Marseille*, sous l'habile direction de l'ingénieur de Montricher, se fit sans nous et presque à notre détriment.

Cette occasion manquée, il fallait nécessairement se tourner d'un autre côté, penser ailleurs et aller plus loin. Les eaux de Traconnade, près de Jouques, que nos anciens romains avaient amenées dans leur colonie Sextienne, avec

11.

tant de frais, pouvaient bien suffire à l'alimentation des
fontaines publiques, mais on ne pouvait compter sur elles
pour l'arrosage de nos jardins et de nos prairies. C'est
alors que M. l'ingénieur de Tournadre fit son avant-projet
pour prendre dans la rivière du Verdon les eaux qui nous
étaient nécessaires. Ce travail, présenté au conseil municipal en 1855, parut très réalisable, et fut approuvé. Avec le
concours puissant d'un homme très dévoué aux véritables
intérêts de la ville d'Aix, qui depuis sut mettre autant de
dignité à porter l'hermine de premier président, qu'il
avait mis de distinction à ceindre l'écharpe municipale, le
gouvernement accorda la concession qui lui était deman-
dée, donna les autorisations nécessaires, fit voter par le
Parlement une subvention considérable, un million et demi, approuva le vote d'une subvention d'un million donnée
par le département ; et ce Canal si désiré, entrepris avec
ardeur sur plusieurs points, vint bientôt nous apporter la
fraicheur et l'abondance.

Le projet de M. de Tournadre n'était pas exempt de
toutes critiques, surtout au sujet de la prise. Il est certain
qu'on aurait pu et qu'on aurait dû, au lieu d'établir un
barrage fort difficile et fort coûteux en amont du village de
Quinson, remonter la prise plus haut, et arriver à l'embouchure même de la source de Fontaine-l'Evêque, dans le
terroir de Bauduen. Cette source magnifique, dont on aurait dû au préalable s'assurer la propriété, suffisait amplement pour alimenter notre Canal ; et, si, d'un côté, on
augmentait le chiffre de la dépense, ce n'était que momentanément ; on pouvait, de l'autre, dormir tranquille dans
l'avenir. Alors on aurait amené des eaux d'une limpidité
sans égale ; plus de craintes, au sujet d'un barrage fort
beau, il est vrai, mais dont l'entretien pouvait devenir coûteux (on a pu l'apprendre récemment); plus de frais importants de récurage. Mais cela n'a pas été fait, et on ne peut
plus, aujourd'hui, qu'exprimer des regrets, et souhaiter
dans l'intérêt d'Aix que les eaux de Fontaine-l'Evêque,
qui en définitive alimentent en grande partie notre Canal,

no soient jamais détournées de leur cours ordinaire pour venir arroser, comme le demandait récemment le conseil général du Var, de nombreuses communes de l'arrondissement de Brignoles, qui manquent d'eau pour l'irrigation.

Mais arrivons maintenant à la description de cette **belle Fontaine-l'Evêque,** la plus importante de France par son débit à la source même et qui a toujours fait l'admiration des innombrables étrangers qui viennent la visiter. Elle n'a pas le renom de la Fontaine de Vaucluse. Il est vrai qu'elle n'a pas encore eu son Pétrarque, et que le nom de Laure lui est inconnu ; pourtant, elle mérite notre vif intérêt et notre reconnaissance, puisque c'est elle, comme nous l'avons déjà dit, qui, en alimentant les eaux du Verdon, nous apporte la fécondité et nous permet d'embellir de frais ombrages nos maisons de campagne.

L'ancien village de Sorps, dans les plus anciens actes *Sorpius,* en provençal *Souar*, était une petite station romaine, placée sur la grande voie qui conduisait de Fréjus à Riez et qui se détachait de la voie Aurélienne entre le Muy et les Arcs, passant par Vérignon où l'on voit encore à leur place primitive plusieurs bornes miliaires. Sorps, qui a pour étymologie visible *Surgere,* a donné son nom à la source elle-même. Au confluent de ses eaux avec celles du Verdon, subsistent les culées gigantesques de l'ancien pont romain. Ces culées présentent encore une telle solidité, que dans ces derniers temps on avait songé un moment à les utiliser pour construire, à cet endroit même, un pont nécessaire pour mettre en communication, dans cette région assez abandonnée, les habitants des cantons d'Aups et de Tavernes avec ceux des cantons de Riez et de Moustiers.

C'est d'une grotte profonde, plus large que haute, formée par des amoncellements presque horizontaux de roches calcaires, du pied d'un figuier plusieurs fois séculaire et d'un caroubier sauvage au feuillage vert et rouge, que s'échappe en bouillonnant et avec une impétuosité étour-

dissante, la belle source de Sorps toujours claire, limpide
et à l'écume argentée.

Le touriste surpris par ce tableau rare et grandiose,
car il faut être presque sur la source pour en admirer toute la splendeur, ne peut ordinairement maîtriser son
étonnement. On reste réellement confondu en présence
d'un tel spectacle. Bientôt l'eau s'échappe en écumant de
tous côtés, au milieu des rochers et des plantes aquatiques.
Un canal en conduit une minime partie dans un moulin
rapproché de la source ; un autre canal porte les eaux nécessaires pour l'arrosage des prairies et des terres voisines.
Jadis les moulins étaient plus nombreux, et il existait en
outre une grande papeterie et plusieurs fouloirs à drap.
Les eaux se divisent ensuite pour former une île ombragée
par de beaux arbres, qui soutiennent de nombreuses plantes grimpantes et des vignes sauvages ; puis elles se réunissent pour aller, neuf cents mètres plus loin, se jeter dans
les eaux souvent bourbeuses de la rivière si capricieuse du
Verdon, à l'entrée des gorges escarpées qu'on appelle dans
le pays les *barres* du Verdon.

C'est tout près de cette source et sur un petit mamelon
au midi, que Foulque de Caille, évêque de Riez, fonda en
1254 un monastère pour cent religieuses, sous l'invocation
de Ste Catherine, et un autre couvent, assez rapproché,
avec une église dédiée à S. Maxime, évêque et patron de
Riez, où un prévôt et sept chanoines réguliers devaient
pratiquer monastiquement la règle de S. Augustin. Près
de ce couvent, il releva de ses ruines et restaura une hôtellerie en forme d'hospice, dans laquelle des frères convers
et des sœurs converses, suivant la même règle, devaient
soigner les voyageurs pauvres, qui ordinairement suivaient
l'ancienne route romaine pour aller faire en Espagne le
pèlerinage de S. Jacques de Compostelle.

Foulque assigna à ces établissements, sous le nom de
dotation, les revenus de plusieurs églises et de plusieurs
seigneuries qu'il avait achetées de ses propres deniers.
Toutes ces constructions avaient été commencées le 7 juin

de l'année 1254, et ce fut le 24 octobre 1255 que les nouvelles religieuses purent prendre possession de leur monastère, après une fête solennelle qui eut lieu dans la cathédrale de Riez et à laquelle assistaient un nombre
considérable de fidèles et de hauts personnages.

Quelques années après, Foulque donna aux religieuses
de Sorps des statuts particuliers, qui réglaient la nourriture
de la communauté dans les divers temps de l'année, et la
somme nécessaire pour le vestiaire de chaque religieuse.
Ces statuts, très curieux et pleins de minuties, sont men-
tionnés dans l'ouvrage de Simon Bartel sur les évêques de
l'Église de Riez.

Foulque de Caille était né à Brignoles. Il appartenait à
une famille des plus nobles et des plus recommandables de
la contrée. Il avait vécu dans la familiarité des Comtes de
Provence, de la première maison d'Anjou, qui l'avaient
pris en affection et en estime. Aussi, en 1265, avait-il été
nommé exécuteur testamentaire de la comtesse Béatrix,
épouse de Charles Ier, roi de Sicile et de Jérusalem et comte
de Provence, qui, pour le dédommager de ses soins, lui fit
don de sommes considérables, que notre pieux évêque
employa en œuvres de bienfaisance et en fondations dans
son diocèse. Aussi, a-t-il été toujours considéré comme le
principal bienfaiteur de son église.

La Comte de Provence voulut, de son côté, assigner au
monastère de Sorps les censes et redevances qu'il percevait
dans les villages de Montagnac, de Ste-Croix du Verdon,
de Montpezat et de St-Laurent. Hugues de Bedoins, titulaire du prieuré d'Aragrandis, dans le diocèse de Gap,
duquel dépendait le monastère de St-André de Orbellis
lès Majastro où vivaient quelques religieuses Bénédictines, et prieur aussi de l'église de St-Barthélemy, céda ces
deux églises, situées dans le territoire de Bauduen, avec
leurs droits et leurs dépendances à la dame Mabile de
Signes, abbesse de Ste-Catherine, et à Pierre du Pont, prévôt du collège des chanoines. Cette cession importante fut

approuvée par tous les religieux du couvent de Ste-Marie
d'Aragrandis, en présence d'Othon, évêque de Gap.

La générosité et les vertus de notre évêque Foulque le
rendirent si recommandable aux yeux des rois et des
princes chrétiens, qu'Henri III, des Plantagenets, roi
d'Angleterre, fils de Jean-sans-Terre, qui avait épousé
Eléonore, fille du Comte de Provence, en considération de
sa personne, lui donna en présent 25,000 livres tournois et
une argenterie magnifique, qu'il légua aux religieuses de
Sorps, et qui était estimée cents marcs d'argent. Il leur légua
de plus ses Décrétales et sa bible reliée en cuir rouge
et magnifiquement ornée.

Foulque de Caille, qui avait été élu évêque de Riez vers
la fin de l'année 1240, mourut le 27 juin 1273. Ainsi, il
occupa le siège épiscopal pendant 33 ans.

Le monastère de Ste-Catherine de Sorps prospéra pendant de longues années, et c'est là, tout près d'une des
merveilles de la nature provençale, dans le silence du cloître, que fut élevée, dès sa plus tendre enfance, S⁺ᵉ Delphine
de Signes, la chaste épouse de S. Elzéar de Sabran, dont
les parents aussi riches en vertus qu'en domaines importants, habitaient, dit-on, le château seigneurial de Beaudinar, peu éloigné de Sorps.

Mais plus tard, tant à cause de la peste terrible qui dé-
sola toute la Provence en 1348, que des guerres de
Raymond de Turenne, survenues en ce pays et qui
rendaient les relations et les voyages difficiles ; soit encore
par suite des maladies occasionnées par l'air malsain, éma-
né de marécages formés par les débordements inusités du
Verdon, maladies qui avaient emporté beaucoup de religieuses et empêché les nouvelles prétendantes d'aller prendre l'habit dans ce couvent, le monastère de Sorps tomba
dans la plus entière décadence, au point qu'en 1435, il
n'y restait plus que quatre religieuses. Les chanoines, à
l'exception de ceux dont la présence était indispensable
pour le service de l'église, s'étaient retirés, de leur côté,
dans le village de St-Juers, avec leur prévôt. Enfin, en

1445, sous l'épiscopat de Michel de Bouliers, le monastère fut sécularisé. Le pape Eugène IV, par bulle du 17 avril 1447, prononça la suppression de l'abbaye de Ste-Catherine, qui devint dès lors un prieuré, avec un prieur et quatre chanoines, et finit plus tard par être un simple prieuré rural, uni à la mense épiscopale.

C'est sur les ruines de l'antique collégiale des chanoines, et avec les débris de l'ancienne abbaye de Ste-Catherine, qu'un successeur de Foulque de Caille, épris de la beauté de ce site, Louis Doni d'Attichy, d'une ancienne et illustre maison de Florence qui a donné plusieurs gonfaloniers, se fit construire vers 1634, dans l'île même formée par les deux branches des eaux de Sorps, une grande et magnifique maison de plaisance. La construction et l'embellissement de cette villa coûta à Mgr d'Attichy une somme très élevée, qu'il trouva en grande partie dans les revenus considérables que sa famille possédait : sa mère était la sœur du maréchal de Marillac et du garde des sceaux du même nom.

Mgr d'Attichy avait une affection toute particulière pour cette résidence si fraîche et si agréable, et qui n'avait pas sa pareille dans toute la Provence ; c'est là qu'il venait passer une partie de l'été et qu'il faisait sa retraite ordinaire, toujours accompagné de plusieurs membres de son chapitre et de son clergé ; il eut même un instant la pensée de construire en cet endroit un grand-séminaire. C'est à cette époque que la source de Sorps reçut le surnom poétique de *Fontaine-l'Evêque,* sous lequel elle est généralement désignée aujourd'hui par les géographes et les voyageurs, mais non parmi le peuple des campagnes, qui garde, on le sait, très fidèlement les noms topiques tels que la tradition les lui a conservés.

Simon Bartel, historien enthousiaste des évêques de Riez, parle longuement dans son ouvrage, publié à Aix en 1636, chez Etienne David, des nombreux embellissements que Mgr d'Attichy fit exécuter à Sorps. Il décrit tous les ornements dont cette maison fut enrichie, les statues anti-

ques qui y furent transportées de Riez et dont on ne trouve
plus trace aujourd'hui. Il parle de ses parterres, variés par
toutes sortes de fleurs rares ; de ses ombrages touffus, qui
ne permettaient pas aux rayons du soleil d'été d'en atté-
nuer la fraîcheur. Il n'oublie pas même le chant harmonieux des rossignols, ni surtout la bonté et la grosseur des
truites saumonées qu'on y pouvait pêcher en quantité. Il
transcrit en entier l'inscription latine que le fondateur
avait fait graver sur une plaque de marbre en souvenir de
la construction de cette maison de plaisance, et que nous
croyons devoir donner nous-même, en la traduisant :

« Louis Doni d'Attichy, *de l'ordre des Minimes,*
« *évêque et seigneur de Riez, a fait bâtir ce château en*
« *son domaine épiscopal, dans cette île où Foulque,*
« *l'un de ses prédécesseurs, avait fondé une maison de*
« *chanoines réguliers de St-Augustin, qui fut rasée*
« *dans la suite des temps, et sur l'emplacement même*
« *de ce monastère, qui, depuis cent ans et au delà*
« *n'était plus qu'une lande ; et, pour en rendre le sé-*
« *jour agréable à lui et à ses successeurs, il a voulu*
« *que ce lieu se nommât désormais* Fontaine-l'Évêque ;
« *il a placé deux ponts de pierre aux avenues du châ-*
« *teau ; il a tracé des allées bordées d'arbres, resserré*
« *la rivière de Sorps dans son ancien lit, créé des*
« *jardins entourés d'eaux abondantes, qui servent à*
« *l'arrosage des potagers et des prairies, et fait*
« *construire des aqueducs en plomb, en briques et en*
« *pierres ; il a fait nettoyer le vivier qui entoure le*
« *château, et y a introduit des truites d'un goût délicat,*
« *que les eaux y conduisent en abondance, et qui ne*
« *peuvent plus en sortir. Il a fait dessécher les marais*
« *et les eaux croupissantes qui infectaient l'air, et s'est*
« *enfin procuré à lui et à ses successeurs un asile sain*
« *et commode, qu'il a achevé à grands frais en 1636,*
« *dans la 38*^{me} *année de son âge, la 8*^{mo} *de son*
« *épiscopal.* »

Mais cette habitation, pleine de tant d'agréments, perdit bientôt la plus grande partie de son charme, quand Mgr d'Attichy fut transféré de Riez à Autun, en 1652.

Peu à peu, cette maison, dont l'entretien était fort coûteux, fut délaissée et pour ainsi dire abandonnée par les évèques de Riez, et, dans une de ces crues extraordinaires du Verdon, les digues qui avaient été faites pour la protéger ayant été emportées, elle fut en partie détruite par les eaux furibondes de la rivière, qui vinrent battre le rocher même d'où s'échappe la source de Sorps.

Il ne reste plus de la résidence épiscopale que quelques assises du mur méridional, le portail aujourd'hui couvert de lierre qui conduisait aux jardins, et les deux ponts qui permettent d'arriver dans l'île. Mais la source, œuvre sublime du Créateur, bondit toujours la même, belle, bruyante, splendide. Une route, de Beaudinar à Bauduen et aux Salles, réclamée depuis longtemps et nouvellement établie, passe au dessus de la source et ne peut pas être plus commode pour les voyageurs.

Comme souvenir religieux, on ne voit plus maintenant à Sorps que les restes de l'ancienne chapelle gothique du monastère, de Foulque de Caille, qui avait été seule conservée par Doni d'Attichy. Construite en forme de croix latine, cette église était fort curieuse et l'ornementation, surtout dans les chapiteaux, en était recherchée. Le temps implacable a fait petit à petit crouler les voûtes. Il ne reste plus que celle de l'un des bras de la croix, du côté de l'épitre ; elle menace ruine. Sur le chemin qui conduit de la source aux restes de la chapelle, le pieux propriétaire actuel de Fontaine-l'Evêque, M. Jules de Gassier, a fait élever, il y a quelques années, un oratoire à Sᵗᵉ Catherine.

Voici maintenant quelques renseignements hydrographiques, qui pourront intéresser nos lecteurs Aixois et que nous empruntons à des documents officiels. La source de Fontaine-l'Evêque naît à 900 mètres environ du Verdon. Son niveau est à 12 mètres au dessus de celui du Verdon à l'embouchure, et à 396ᵐ 5 au dessus du niveau de la mer. Son débit était en fin octobre 1840, de 4339 litres par seconde, et le 5 août 1842, de 5683 litres. Le 1ᵉʳ septembre 1843, le Verdon donnait, à la sortie des Barres d'Aiguines, c'est-à-dire en amont de Sorps, 6929 litres par seconde, et sur la limite de la commune d'Artignosc, après avoir reçu les eaux de Sorps, 13,166 litres. Par ces deux derniers chiffres, on peut se rendre un compte exact de l'importance, capitale pour Aix, de la source de Fontaine-l'Évêque. Les eaux du Verdon, avant d'arriver à Aix, en partant de Quinson, ne traversent que quatre communes du département du Var, qui sont Montmeyan, St-Julien, Ginasservis et Rians ; elles sont utilisées seulement par quelques propriétaires de Ginasservis et de Rians. La municipalité de Rians par une combinaison financière heureuse, a pris au Canal du Verdon, au moyen d'une machine élévatoire perfectionnée, l'eau qui lui était nécessaire pour les besoins de la commune et des habitants. Celle de Ginasservis, à son tour, vient de doter le village de fontaines et de lavoirs publics par une machine encore plus perfectionnée, qui fait le plus grand honneur à son habile constructeur, M. Saurin, mécanicien à Draguignan, ancien élève de notre École d'Arts-et-Métiers.

Après tous ces détails, il nous reste à dire un mot sur l'assiette et la longueur du Canal, et à indiquer au lecteur touriste le moyen le plus commode, le plus pratique et le moins coûteux pour faire le voyage ou plutôt l'excursion d'Aix à Fontaine-l'Évêque.

Le **Canal du Verdon**, du barrage près de Quinson au plateau de St-Hippolyte près Venelles, a une longueur de 82 kilomètres 75 mètres 20. Dans l'avant projet, cette longueur devait-être de 86,780 mètres, dont 77,710 à ciel ouvert et 9,070 en souterrain. Les branches de dérivation ont une longueur totale de 144 kilomètres 344 mètres. Dans le premier projet, la prise, aujourd'hui à Quinson, était établie à 500 mètres au dessus du pont d'Esparron de Verdon. Au point de départ, le Canal est à 370 mètres environ au dessus du niveau de la mer ; le point d'arrivée à 320 mètres, ce qui a constitué une différence de 50 mètres, à répartir sur la longueur totale. Le développement des rigoles dans la seule commune d'Aix est de 380 kilomètres. Le plus long des souterrains est celui de Ginasservis, qui a 5280 mètres de longueur ; il paraît qu'avant le percement du mont Cenis, c'était le plus long tunnel de France. Puis ceux des Mourras et de Pierrefiche qui ont, le premier 4200 et le second 3300 mètres.

La branche-mère arrive sur le plateau de Venelles et se divise ensuite en huit branches, qui sont : 1° la branche de la Trévaresse, sur la rive droite de la Touloubre ; 2° celle de la rive gauche de la Touloubre ; 3° celle des Pinchinats et d'Aix ; 4° celle de Célony, sur le versant droit de la vallée de l'Arc ; 5° celle de la Bougerelle, sur le même versant ; enfin 7° et 8° les branches des Milles et de la Durance sur le versant gauche.

Un décret du 20 mai 1863 concéda à la ville d'Aix le Canal du Verdon, et dans le cahier des charges annexé au susdit décret, le volume qu'on pourrait prendre au Verdon fut fixé à 6 mètres cubes par seconde, y compris le volume de 1 m. 50 cubes, déjà concédé par la loi du 4 juillet 1838 ; mais, la concession du volume supplémentaire de 4 m. 50 n'est faite, qu'en dehors du temps de l'étiage. Aujourd'hui le Canal amène un peu plus de 3 mètres cubes par seconde et pourrait très difficilement, sans occasionner des dépenses considérables, en conduire davantage.

Par une convention du 14 octobre 1863, passée entre la ville d'Aix et MM. Dussard et Sellier, ces derniers s'engagèrent à exécuter à forfait et à leurs risques et périls, le nouveau Canal, et en outre à l'exploiter, à l'entretenir et à l'administrer durant 99 ans. Ils recevaient de l'Etat, du Département et de la commune d'Aix, une somme de quatre millions. Tous les travaux devaient être achevés dans le délai de cinq ans, qui commencèrent le 17 novembre 1863. Mais, le 17 novembre 1868, les travaux étaient loin d'être terminés, et ils ne l'étaient pas davantage cinq ans après. Aussi, la ville d'Aix intenta contre les concessionnaires une instance à fin de résiliation, et, par convention du 3 décembre 1875, la Compagnie des Canaux Agricoles et des Travaux Publics fut substituée à MM. Dussard et Sollier.

Le samedi 14 août 1875, les eaux, si impatiemment attendues, arrivaient enfin dans la ville d'Aix sous l'administration de M. le comte de Mougins-Roquefort, qui leur fit une réception solennelle. La religion fut appelée pour répandre ses bénédictions sur les eaux à leur arrivée à St-Eutrope et sur l'œuvre entière. Mgr Forcade, de pieuse et sainte mémoire, voulut bien venir lui-même à la tête de son Chapitre, de sa Maîtrise et des représentants du Clergé de toutes les paroisses d'Aix, au son de toutes les cloches mises en branle comme au jour des grandes fêtes, procéder avec éclat à cette bénédiction suivant le rite de l'Eglise Catholique ; toute la ville fut en fête ce jour-là, et le soir sur le Cours on tira un brillant feu d'artifice.

En ce moment la dépense totale dépasse 22 millions de francs, et les travaux, qui ont duré environ 20 ans, ne sont point achevés, puisqu'il reste encore à arroser les cantons de Gardanne et de Trets. Les différentes communes de ces cantons jouiront-elles bientôt des bienfaits d'une irrigation si impatiemment attendue ? Nous l'ignorons ; car mille difficultés surgissent chaque jour, et la plus grande, c'est que les caisses sont vides pour venir en aide aux communes comme on l'a fait jadis. D'ailleurs, on ne peut pas tout avoir, et les palais scolaires ont absorbé tant d'argent, qu'il n'en reste plus pour secourir l'agriculture qui souffre depuis si longtemps. N'importe, nous faisons des vœux pour que, toutes les difficultés étant aplanies, l'eau arrive bientôt dans les communes des cantons de Trets et de Gardanne, qui peuvent l'avoir et qui la demandent à un prix convenable et rémunérateur ; souhaitons aussi que ces mêmes eaux puissent, en souvenir de leur prise dans le Var et de la source de Fontaine-l'Evêque, aller arroser la belle plaine de Pourrières, qui s'étend jusqu'à Pourcieux.

Nous avons constaté avec plaisir que les revenus du Canal du Verdon augmentent chaque année ; ils sont actuellement de 180,000 fr. environ.

Voici maintenant, pour terminer, quelques indications qui permettront aux touristes aixois de faire l'excursion de Sorps aussi facilement que possible.

Avec une voiture particulière, la route la plus directe passe par Rians, la Verdière, Montmeyan et Beaudinar.

Le touriste pourra utiliser agréablement et d'une manière instructive, le temps d'arrêt qu'il devra faire dans ces diverses communes, en visitant à **Rians, l'église** vraiment monumentale que la fabrique a fait construire il y a quelques années sur les plans remarquables d'un architecte de mérite, M. l'abbé Pougnet ; puis **l'église de l'Annonciade**, où jadis quatre bénéficiers célébraient chaque jour le service divin comme dans un chapitre canonial ; puis non loin de l'église, **l'ancienne chapelle** de N. D. de Bon Secours, construite sur l'emplacement de la maison où était né le bienheureux P. Yvan, si connu à Aix et fondateur de l'ordre des religieuses Augustines de N. D. de Miséricorde, assez répandu en Provence avant 1789. On contemplera sur le mamelon à côté de l'église **l'ancienne tour** construite au Moyen-Age, servant autrefois de vigie et aujourd'hui d'horloge ; de cet endroit la vue est fort belle, très étendue et permet de voir le petit coteau, assez rapproché, sur lequel était construit le village, ruiné depuis bien longtemps, d'Amirat, célèbre pour avoir donné le jour à S. Benezet si connu à Avignon. On pourra visiter encore la **chapelle** du S. Enfant et, à côté de la porte la **cellule** que le bienheureux Yvan habita pendant plusieurs années et qui fut le témoin muet de ses innombrables mortifications.

A **La Verdière**, le voyageur curieux pourra visiter la **vieille église** paroissiale avec sa porte romane, bâtie en partie aux frais de nos pieux Comtes de Provence, puis le **château féodal** de M. le M¹ⁱ de Forbin d'Oppède, qui contient dans les vastes salles, outre des documents manuscrits très curieux, tant de belles tapisseries anciennes provenant des fabriques d'Aubusson et des Gobelins, tant de beaux tableaux, tant de magnifiques faïences de Moustiers, de Varages et de Marseille, enfin tant de meubles de prix.

A Montmeyan, voir les ruines du **vieux château** des Castellane et à **Beaudinar** les restes d'une **vieille tour** qui passe pour romaine, plus tard enfermée dans les constructions de l'ancien château des Sabran, et qu'on dût renoncer à démolir en entier en 1793, à cause de son extrême solidité.

Comme il serait difficile de faire le trajet dans le même jour, à moins de changer de chevaux à Rians et à Montmeyan, mieux vaut s'arrêter dans ce dernier village ; on trouvera bonne mine d'hôte et prix convenables à l'hôtel Sicard.

Mais bientôt, le chemin de fer,—hélas ! à voie étroite,—de Draguignan à Meyrargues va être terminé et livré à la circulation. On pourra, dès lors, s'en servir très utilement, et aller à Barjols ou à Sillans et de là à Aups, où l'on trouvera des chevaux et des voitures confortables.

Ces nouvelles facilités de communications permettront à des excursionnistes chaque jour plus nombreux de contempler, tout en savourant au frais un dîner qu'on ne doit pas oublier d'apporter, cette source de Fontaine-l'Évêque, la plus belle par son volume, non seulement de notre Provence, mais encore de la France entière.

EXCURSION D'AIX

A ROQUEFAVOUR

—

C'est à 12 kilomètres d'Aix, à l'extrême limite ouest du territoire de cette ville que se trouve Roquefavour ; plusieurs routes y conduisent. La plus directe est celle de Galice qui a son point de départ au faubourg des Minimes appelé aujourd'hui boulevard de la République, passant assez près du St-Sacrement pour pouvoir admirer la grotte de N.-D. de la Seds, nommée petite Sainte-Baume.

La route est bordée de maisons de campagne importantes: *Galice* qui a donné son nom au quartier et qui après avoir appartenu successivement aux fami..es de Galice et Bérage est aujourd'hui la propriété de M. Gavoty de Marseille ; la *Ganthaume* appartenant à M. le docteur Chavernac ; la *Grand'Bastide* à M. E. Bremond ; *Casteou-Relogi* qui a toujours conservé son nom, bien que l'horloge ait disparu depuis longtemps ; la *Mollières* de M. Germond, etc.

Deux autres routes nous conduisent encore à Roquefavour en passant par les Milles, la première part de la Gare des Marchandises pour suivre la route du Petit-Barthélemy. Cette route est très pittoresque on y voit les maisons de plaisances dites : le *château du Petit-Barthélemy* appartenant à M. Vieil ; le *château du Diable* propriété de la famille Richelme. Par une singulière coïncidence ou peut-être à cause de celà, ce château fut acheté il y a 40 ans par notre compatriote M. Richelme, acteur qui a marqué son passage comme ténor, et qui dut en partie sa fortune à la pièce de *Robert le Diable* qu'il joua à Marseille à raison des 500 fr. par représentation, chiffre qui aujourd'hui nous parait assez modeste, si on le compare aux prix des ténors actuels.

L'autre voie, celle que préfèrent les conducteurs de voitures, parcequ'elle est plus carrossable, a son point de départ au Pont de l'Arc et longe à gauche la rivière de ce nom. Elle montre d'abord au voyageur, sur la gauche, le *château de la Félicité* au marquis de Félix du Muy, descendant du maréchal de ce nom, ancien ministre de la guerre au dernier siècle. Plus loin sur la droite, on remarque d'abord le *château de Parade*, ancienne propriété de MM. de Lestang-Parade, derniers chevaliers de Malte à Aix, aujourd'hui possédée par M. Arnaud, doyen des avocats à la Cour ; puis à deux kilomètres, le *château de la Pioline.* Cet important domaine aujourd'hui morcelé, portait au XVIᵐᵉ Siècle le nom de Beauvoisni. Il fut érigé en fief par Henri III au profit d'Arnaud Borilli ; il a depuis passé successivement aux mains du célèbre premier président du Vair, garde des sceaux de France, de la famille de Piolenc, d'où le nom de *Pioline*, du marquis Meyronnet de Châteauneuf et du duc de Blacas.

Enfin le chemin de fer qui passe aussi par les Milles avec station en ce lieu, franchit les 14 kilomètres de voie ferrée en 30 minutes cinq fois par jour.

De la route de terre, comme de celle de fer le paysage est des plus pittoresques, la **rivière de l'Arc** qui prend sa naissance dans le département du Var pour mourir dans l'étang de Berre et que les collines d'Arboy et du Montaigué bordent au couchant et au midi, traverse en serpentant la majeure partie du terroir des **Milles.**

Le hameau de ce nom n'offre rien de remarquable, on peut cependant voir dans l'**église** deux tableaux dont l'un représente le *Vœu de Louis XIII.*

Il serait trop long d'énumérer les nombreuses campagnes de la plaine des Milles, Nous citerons les principales que l'on remarque dans le *plan d'Aillanne* qui s'étend de la rivière de l'Arc à la route de Marseille au pied de la colline formant la limite des communes d'Aix et de Cabriès.

A droite de la route et de la voie ferrée le *château de*

Campredon, propriété de la famille d'Olivari de Chéne-rilles, dont un des membres, Artus, amateur d'antiques est cité dans le testament de Peiresc.

De l'autre côté de la route le *château de la Valette* à M. Jouyne, ancienne propriété du président d'Aimar de Montsallier, du marquis de la Valette d'où lui vient son nom et de M. d'Oppède.

On aperçoit un peu plus loin *la Durane*, terre faisant fort anciennement partie du domaine des Comptes de Pro-vence. Elle passa au XVme Siècle dans la famille de Guira-mand et par mariage dans celle de Tributiis. Le dernier représentant de cette famille, fils du dernier assesseur d'Aix, procureur du pays de Provence l'a possédé jusqu'à sa mort en 1869. Elle appartient actuellement à la famille Vieil.

Dans le même direction le *château de Riquéty* et non de *Riquetti* comme à tort l'indique la carte d'état-major. Ce grand domaine n'a jamais appartenu aux Riqueti-Mira-beau. Il figure dans les anciens actes et la carte Cassini sous le nom de Requéty. C'était la propriété patrimoniale du doyen Bernard, conseiller général, ancien bâtonnier des avocats, créateur de la bibliothèque de notre Faculté de Droit, promoteur des concours universitaires d'étudiants. Le doyen Bernard mourut à Riquéty au mois d'octobre 1842; les héritiers de Riquéty, sont actuellement, ses petits-fils, MM. Guillibert.

Rappelons en passant que c'est dans *le plan d'Aillane* où l'empereur Charles-Quint avait établit son quartier général en 1536, que trois siècles plus tard eût lieu en 1830 la grande revue de 10 mille hommes de troupe campés dans Aix et les environs. Cette revue passée par le duc d'Angoulème, précéda l'embarquement des troupes qui allèrent détruire la piraterie dans la Méditerranée, venger notre honneur national (le dey Hussein avait frappé notre ambassadeur au visage avec son éventail) et donner à la France une de ses plus riches colonies, car ollo est aujourd'hui uns des plus abondantes sources de produits pour l'alimentation de la mère-patrie.

C'est au dessus de cette plaine des Milles, sur le plateau d'Arbois, que fut installé en 1855 *le camp du Midi*; où étaient réunies les troupes destinées à l'armée de Crimée, sous le commandement du général d'Hautpoul. Un grand tableau militaire de Loubon, au musée d'Aix, reproduit très exactement la vue d'ensemble du camp du Midi.

En continuant la route vers Roquefavour, on remarque le *château de St-Pons*, à M. Rochebrun, ancienne propriété des familles de Bourdon et d'Escalis de St-Pons. Jean d'Escalis, premier consul d'Aix, y mourut le 10 avril 1645 Le poète Malherbe, parent de cette famille par sa femme, et très lié avec François d'Escalis, visita souvent le domaine de St-Pons. Une note manuscrite de Roux-Alphéran à qui nous empruntons ce détail se termine par la supposition très vraisemblable que Malherbe composa plus d'une de ses poésies sur les bords de l'Arc à St-Pons.

C'est à l'hôtellerie qui est au pied du château, à côté du pont, que mourut plus qu'octogénaire le 30 décembre 1714, le comte de Grignan, gouverneur de Provence, mari de l'aimable fille de madame de Sévigné [1].

Les divers sites qui bordent l'Arc sont des plus pittoresques, en outre des trembles, des peupliers et des ormeaux

[1] Dans son récent ouvrage sur *la famille de madame de Sévigné en Provence*, le marquis de Saporta, au sujet de l'hôtellerie dans laquelle mourut le comte de Grignan, n'est pas d'accord avec Roux-Alphéran.

A la page 213 de son volume. il s'exprime ainsi en parlant du comte de Grignan : « Il serait difficile de le suivre dans ses courses incessantes de Marseille à Grignan et de Grignan à Aix ou à Lambesc siège de l'assemblée des communautés qui remplaçait en Provence les anciens Etats. C'est dans ce dernier endroit que M. de Grignan mourut inopinément à *l'hôtellerie où il était descendu en traversant Lambesc* dans la nuit du 30 au 31 décembre 1714; il était âgé de 85 ans, etc. »

Roux-Alphéran, dont la scrupuleuse exactitude est bien connue, écrit ceci dans ses notes sur St-Pons (aux archives de famille de son arrière petit-fils) : « Dans l'auberge attenante au château de MM. Castel mourut en 1714 le comte de Grignan (François de Castellane-Adhémar de Monteil), lieutenant du roi en Provence, etc... Le comte de Grignan était on y trouve une variété de plantes qui aurait fait une superbe couronne à Amarillis, si la bergère chantée par Virgile eût connu ce lieu [1]. Rien n'est plus poétique que la solitude de ces parages, pendant le printemps principalement, tout est bien fait pour inspirer les poètes, lorsque le chant du roitelet, du rossignol et la fauvette y complètent l'harmonie de la nature.

A mesure qu'on avance vers Roquefavour le paysage se resserre entre les collines et on arrive dans une gorge chargée de pins agrestes affectant la forme d'un éventail. C'est là que se trouve le **pont aqueduc**, objectif du voyage. Nous contemplons l'œuvre capitale du Canal de Marseille, ce monument à la vue duquel Lamartine, s'écria dans un mouvement d'admiration : « L'acqueduc de Roquefavour est une merveille du monde ! » Il est difficile en effet de ne pas être ému lorsqu'on apperçoit dans son imposante majesté cette masse de rochers accumulés.

plus qu'octogénaire et venait de tenir l'assemblée des communautés de Provence à Lambesc, dans la saison la plus rigoureuse de l'année. Il voulut, malgré le froid, s'en retourner au château de Mazargues près de Marseille, où il faisait alors son habitation ordinaire à cause de la douceur du climat ; mais dès le premier jour de marche il fût contraint de *s'arrêter à l'hôtellerie de St-Pons* et il y mourut le lendemain 30 décembre, sans avoir pu recevoir les secours de la médecine. Il fût porté en sa terre de Mazargues et enseveli dans l'église des Carmes de ce lieu, comme il l'avait ordonné. »

Il est donc avéré que le comte ce Grignan est décédé à St-Pons, sur le territoire d'Aix et non à Lambesc.

1   Le catalogue des plantes qui croissent naturellement dans le terroir d'Aix, publié par MM. Hachintre et de Fonvert, nous indique 1507 variétés ou espèces de plantes dont le plus grand nombre se trouve sur les bords de l'Arc, et principalement :

La Clématite (*Entrevadis*) variété maritime ;
Le Glancium luteum (*Rouello jauno*) ;
Le Senevé — Moutarde noire,
La Saponaire (*Sabouniero*) ;
La Phillyrea angustifolia (*Daradeou*) ;
La Salicaire (*Cresto de Gaou*) ;
Les Pois à bouquets (*Grando jaisso*) ;
Le Séneçon (*Seneissoun*) variété Doria ;
L'Armoise (*Artémise*) variété annuelle ;
Le Cichorium intybus (*Cicori fer*) ;
Le Cynoglasum officinale (*Erbo de Nouestro-Damo*) ; etc., etc.

Description du Pont. — Le Pont a 82 mètres 50 depuis l'étiage de la rivière de l'Arc qu'il coupe en diagonale jusqu'à la surface supérieure du parapet et 375 mètres de longueur entre les culées. Trois rangs d'arcades superposées, joignant leur masse qui s'élance dans l'infini laissant voir à travers leurs larges ouvertures le beau ciel de Provence. Le premier rang composé de 12 arches de 15 mètres d'ouverture a une hauteur de 34 mètres 10 cent., le deuxième rang a 15 arches qui ont 16 mètres d'ouverture et 34 mètres 90 de haut, le troisième qui compte 53 arches a 5 mètres d'ouverture et 13 mètres 50 de haut.

Ceux qui n'ont pas vu construire le pont ne peuvent se faire une idée de la difficulté vaincue pour élever à une pareille hauteur des blocs de pierre qui cubaient parfois 5 et 6 mètres et pesaient de 2 mille à 15 mille kilog.

Commencé en 1839 par les études préliminaires, ce fut en 1840 que les travaux commencèrent, mais l'impulsion sérieuse n'eût lieu qu'en 1843 lorsqu'on dut renoncer aux travaux d'adjudication pour passer à ceux en régie, et en mai 1847 le pont — aqueduc fut terminé; l'eau de la Durance y passa pour la première fois le 30 juin de la même année à 3 heures du matin. La dépense totale a été de 3 millions 800 mille francs.

De l'aveu des ingénieurs français, le seul monument de ce genre, digne d'être comparé à celui de Roquefavour est l'aqueduc de l'*Arrica* dressé par l'ingénieur Jacobini.

Assis sur des bases indestructibles, fait avec un soin égal à celui des meilleurs ouvrages des Romains, le nom de M. de Montricher, sera transmis aux générations futures en même temps que celui d'une grande ville, dont le terroir a été fertilisé par des eaux qui lui faisaient défaut.

Une relation qui frappera le touriste et qui ajoutera encore à l'impression qu'il ressent, c'est celle que nous empruntons au *Magasin pittoresque* dans son numéro du mois d'avril 1857 :

« Presque tous les blocs, dit-il, de dimension plus ou moins grandes qui ont servi à construire le pont aqueduc de Roquefavour ne sont taillés que sur leurs faces intérieures ; l'extérieur reste brut, tel qu'il est sorti de la carrière. Ceci donne au monument un aspect vigoureux, cyclopéen, tout à fait en harmonie avec les rochers qui l'environnent.

» Le temps aura pendant plusieurs siècles à ronger avant d'attaquer les parties utiles. Partout on a laissé de quoi occuper ses griffes et ses dents.

» A quelques jours de distance, j'ai remarqué qu'il en était de même du *Pont du Gard*. Si ce dernier aqueduc, d'ailleurs si admirable était placé en face de celui de Roquefavour, il ressemblerait à une miniature. Il a environ 40 mètres de moins en hauteur. »

L'inscription suivante placée sur une des piles centrales du coté qui regarde le chemin de fer, rappelera dans l'avenir l'origine et la date du monument :

La ville de Marseille

A élevé ce Pont — Aqueduc

Pour amener les eaux de la Durance dans son territoire

Désolé depuis des siècles par la sécheresse.

Le Conseil Municipal posait le première pierre

Le 10 septembre 1842

La 13ᵉ année du règne de Louis—Philippe Iᵉʳ

Suivent les noms des préfet, maire, adjoints et conseillers municipaux de la ville de Marseille.

Voilà qui détruit l'ancien dicton : *Le Parlement, le Mistral et la Durance sont les trois fléaux de la Provence.* Le Parlement a disparu, le Mistral reste, mais la Durance est beaucoup plus anodine depuis qu'on lui a pratiqué force saignées pour fertiliser les terres.

On voit encore en face du *Baoou de Marius* les vestiges d'un camp retranché qui pouvait avoir plusieurs centaines de mètres.

L'établissement du chemin de fer d'Aix à Rognac,

contribue beaucoup aux excursions, on compte par cette voie seulement 12 mille voyageurs par an.

Les personnages les plus célèbres ont visité Roquefavour. Napoléon III, n'étant encore que prince-président, décora en 1852 sur *le champ de bataille* M. de Montricher. Citons parmi les autres, Mme George-Sand ; le maréchal Pélissier ; les princes Jérôme et Murat ; etc., etc.

Une des plus belles villas qu'on puisse voir dans la contrée est sans contredit celle de M. Cajre, qui inclinée sur les côteaux de ces lieux, forme un point très pittoresque et se ressent de l'opulence de son maître.

Roquefavour est devenu le lieu de réunion de bon nombre d'excursionnistes de Marseille et d'Aix, aussi les dimanches et fêtes la sollitude ordinaire de ces parages se change-t-elle en un paysage des plus animés. Un restaurant convenablement installé permet d'y prendre de bons repas.

La fête votive de cette localité se trouve le lundi de Pentecôte, ce jour là, ce ne sont plus de paisibles promeneurs que l'on rencontre, mais bien une foule considérable venue de tous les points environnants ; des trains supplémentaires du chemin de fer versent des flots de population qui se dispersent dans les chemins, cherchant les points agrestes pour diner sur l'herbe, ou se mettre à l'abri des rayons du soleil. Des tables sont dressées sous les arbres, on y consomme force bière, on joue aux torques, on danse c'est une fête champêtre comme on n'en voit peu.

Roquefavour a été et sera certainement encore choisi pour la tenue des fêtes littéraires. Une réunion de 60 félibres eu lieu le 25 mai 1880 sous la présidence de Frédéric Mistral. Mais dans ces circonstances, l'ermitage dont nous parlerons plus loin, remplit un rôle au moins égal à celui du Pont-aqueduc.

Origine du nom. — D'où vient le nom de Roquefavour ? Plusieurs historiens se sont occupés de l'étymologie de ce mot, mais l'opinion la plus accréditée est celle qui le fait venir de *Rupes favoris* (Roche de la faveur) nom donné

par les Romains qui anéantirent les Ambro-Teutons, dans
le territoire d'Aix, et principalement dans le lieu dont nous
parlons, 102 ans avant Jésus-Christ.

L'Ermitage. — Après avoir suffisamment contemplé
l'œuvre créée par les hommes, le voyageur ira visiter la
nature dans ce qu'elle a de plus remarquable, une promenade d'une demie heure nous amène au fonds d'un vallon
terminé par de grands arbres touffus.

Une porte rouge surmontée d'une croix, vous donne
accès dans un clos solitaire qu'entoure une vaste enceinte
formée par des rochers à pic. C'est là que sort, élevé sur
les débris d'un ancien prieuré claustral, que Conrad unit
en 966 à l'abbaye bénédictine de Montmajour, **l'ermitage
de Saint-Honorat.**

Ce *benoît moustier*, dont les diverses transformations
qu'il a subies seraient trop longues à raconter, a été restauré en 1819 par un ancien négociant qui s'y retira et se
fit ermite. A sa mort (1825) se succédèrent pendant trois
ans plusieurs gardiens, puis en 1828 un religieux que nous
avons tous connu, embellit un peu ce séjour, et sut donner
aux fêtes qui eurent lieu chez lui, un cachet spécial qui a
attiré pendant près de 40 ans bon nombre de visiteurs,
c'était le P. Jacques (Jacques Martin) ; d'origine espagnole
cet ermite serait peut être mort ignoré, si le pont-aqueduc n'avait fait tourner les yeux vers ce point.

En entrant dans ce lieu de recueillement on est placé
sous un berceau de verdure qui conduit au logement du
gardien, en passant on remarque l'oratoire de Ste Philomè-
ne et l'image de S. Joseph.

La **chapelle** est assez modeste, elle n'a qu'une seule
nef basse, l'autel dont le revêtement est blanc et or est
surmonté d'un groupe d'anges aux ailes d'argent, le tabernacle lui-même est surmonté d'une Vierge du Carmel. Les
murs sont recouverts de tentures rouges représentant S,
Honorat et S. Jacques ; deux tableaux qui n'ont jamais figuré à aucune exposition représentant *Ste Madeleine* et

une *Annonciation*, la grande toile du maître-autel représente la Vierge immaculée, S. Honorat et une Vierge martyre.

S. Honorat est le patron titulaire de l'ermitage, S. Jacques-le-Majeur, S. Félix-de-Valois et Notre-Dame du Mont Carmel en sont les patrons secondaires.

Sous la tribune de la chapelle on trouve une pierre qui recouvre les cendres du prédécesseur du père Jacques, elle porte cette inscription : *Ici repose Jean-Joseph Porre, natif de Trans, négociant à Aix, résolu de finir ses jours dans la solitude, il choisit l'Ermitage de St-Honorat en 1819, mort le 30 mai 1825, âgé de 75 ans. De Profundis.*

Le séjour des Romains à Roquefavour se retrouve encore ici, au dessus de la porte de la chapelle on voit un ex-voto de la plus haute antiquité :

V. S. L. M.

que Pitton, l'historien d'Aix, explique comme suit :

Agathophus Votum Solvit Liberatus Morbo. (Agathophus ayant été délivré d'une maladie a rendu son vœu).

Une épitaphe du XIIIme Siècle, placée à droite de la porte d'entrée peut être traduite comme ceci :

Mort en l'an 1219 de l'Incarnation, il a, comme vous vu de bonnes choses, que son âme repose en paix, — j'ai été ce que tu est, tu seras ce que je suis, souviens-toi que tu n'est que poussière et pourriture — A quoi sert la gloire de la chair, souviens toi que tu mourras.

Ceci nous remet en mémoire une épitaphe qui n'a jamais été gravée, car elle n'a figuré que sur les murs d'une prison. Lacenaire, un assassin célèbre, écrivit la veille de son exécution : *Dieu, mon âme, le néant, c'est un secret, je le saurai demain.*

Enfin on trouve par-ci par-là, des pierres tumulaires servant aujourd'hui de bancs. Derrière le batiment s'élèvent majestueusement des rochers en forme circulaire aux pieds

desquels se trouve une source d'eau très limpide. En gravissant la coline, on voit la grotte de la Madeleine où la
sainte est étendue sur le sol, c'est l'œuvre de notre compatriote Truphème. C'est là que se trouve une terrasse de
laquelle on peut admirer tout l'ermitage.

Des cardinaux, des prélats romains, des évêques français, tout ce que Aix et Marseille, l'Europe et la France
comptent d'esprits élevés ou de chrétiens pieux sont venus
s'agenouiller dans cette modeste chapelle où se retrouve sur
les murs les souvenirs de l'époque romaine. Un monarque
espagnol, Charles V, exilé en France vint la visiter en
1845.

Le P. Jacques, aussi exilé, reçut son royal visiteur les
larmes aux yeux. Les souvenirs de leur patrie étaient présents à leur mémoire.

Les restes mortels du P. Jacques enseveli à Ventabren
ont été transportés à Roquefavour en 1879, une pierre placée sur le mur latéral de la chapelle, rappèle par l'inscription
suivante, le passage en ce lieu du vénérable ermite :

In memoria æterna erit justus :
« A la Mémoire de Messire Jacques Martin, prêtre, an-
» cien religieux des Carmes Déchaussés, procureur de son
» ordre à Rome, né à Pedrosilla-el-Rero (Espagne), le
» 25 mars 1790, décédé à St-Honorat de Roquefavour, le
» 18 janvier 1868, après avoir servi pendant quarante an-
» nées la chapelle de cet ermitage et donné l'exemple des
» plus austères vertus. »

Le neveu du défunt Lucius Martin qui avait été pendant
de longues années le collaborateur de son oncle, mourut à
son tour 2 ans après, depuis cette époque, l'Ermitage tom-
bé en quenouille a perdu de son prestige, la veuve de
Lucius Martin a complètement négligé les anciens embellissements, mais il reste ce que la nature a créé et cela
mérite d'être vu.

Le Paradou. — En terminant notre excursion à
Roquefavour disons un mot du *Paradou* situé à 20 minu-

tes de la gare et que généralement les excursionnistes ne vont pas visiter. C'était autrefois un monastère fondé par les Pères du St-Sacrement il fut supprimé à la mort du Père de Cuers le dernier survivant de la communauté en ce lieu.

Le P. de Cuers était rentré dans les ordres le 19 septembre 1854, abandonnant son grade de capitaine de frégate, il descendait d'une antique et noble famille dont les armes étaient d'azur à face d'or accompagnés de trois cœurs de même, deux en chef et un en pointe, d'après l'*Armorial de Provence.*

Le Paradou est aujourd'hui la retraite d'une dame de Marseille (Mme Ziem) qui est venue dans ce lieu propre à la prière et à la méditation, se consoler de la perte de son mari et de son fils. La propriétaire actuelle s'occupe d'actes de bienfaisance, elle a une école dirigée par des religieuses qui donnent gratuitement l'instruction aux enfants de la contrée et une chapelle qui réunit tous les dimanches, à la messe, les cultivateurs des environs.

EXCURSION D'AIX

A SILVACANE

—

Il y a peu de monuments, dans le midi, qui méritent de fixer l'attention des vrais amis de l'art comme l'**abbaye de Silvacane**. La beauté du site, l'antiquité et la gloire des souvenirs, la richesse de l'architecture, tout attire à Silvacane, tout concourt à faire de ce monastère célèbre un but d'excursion très intéressant pour tous ceux qui ont gardé le culte de l'art avec celui du passé [1]..

Et qu'on ne croit pas se trouver ici en présence de ruines, de débris d'architecture, de murailles démolies. On a pu le penser ; ceux qui n'ont jamais vu Silvacane ont même pu l'écrire ; mais c'est une erreur. L'abbaye de Silvacane est encore dans un bon état de conservation ; et, malgré quelques dégradations peu importantes dans ses bâtiments claustraux, elle offre un ensemble bien remarquable à tous les points de vue, assez remarquable pour avoir attiré l'attention de plusieurs ordres monastiques qui, à diverses reprises dans ces vingt dernières années, ont sérieusement pensé à restaurer ses constructions et à y faire revivre les gloires du passé.

---

[1] L'*abbaye de Silvacane* se trouve sur la route d'Aix à Avignon par Rognes et La Roque-d'Antheron, à 27 kilom. d'Aix ; 1 kilom. avant d'arriver à La Roque. On peut donc y aller soit avec les diligences de La Roque qui partent tous les jours d'Aix, sur le Cours ; soit en chemin de fer, en prenant le train des Alpes. On trouve à Meyrargues la nouvelle ligne d'Eyguières qui passe à une centaine de mètres de Silvacane et laisse les voyageurs dans le village même de La Roque. A visiter dans ce joli pays : le *château* dans lequel on trouve de splendides gobelins ; le *parc*, l'un des plus beaux de la Provence ; et dans l'*église*, quelques tableaux remarquables. Pour venir de là à l'abbaye, il n'y a guère qu'un trajet d'un petit quart d'heure, sur une route très agréable.

Quoique ses origines soient obscures, on sait que Silvacane appartenait à l'ordre de Cîteaux et qu'elle était l'un
des vingt-six monastères fondés par l'abbaye de Morimond.
C'était l'époque où saint Bernard remplissait la France et le
monde chrétien du renom de sa sainteté plus encore que
de ses prédications, et donnait à la vie monastique une impulsion admirable. A son appel, les cloîtres se peuplaient,
et, bientôt trop étroits pour tant de disciples, envoyaient
leurs religieux fonder, de toutes parts, de nouvelles abbayes.
Clairvaux, dont saint Bernard fut le premier abbé, et Morimond sont les deux plus célèbres foyers d'où sortirent tous
ces moines illustres qui rendirent tant de services à la
civilisation.

Une tradition très respectable dit que saint Bernard est
venu à Silvacane. Aucun biographe de l'illustre abbé de
Clairvaux ne mentionne ce fait, peu important d'ailleurs
dans l'histoire du saint ; il n'y a pas, non plus, de monument qui vienne corroborer cette tradition. Mais qu'y a-t-
il d'impossible à ce que, dans l'un des nombreux voyages
qu'il fit dans le midi, saint Bernard ait visité cette nouvelle
fondation de son ordre, alors qu'on sait qu'il était l'âme de
toutes les familles cisterciennes qui s'établissaient dans tous
les coins de la France ? Il faudrait placer ce voyage de
l'abbé de Clairvaux dans les commencements même de
Silvacane et avant 1153, année où il mourut.

Avant que Morimond y envoyât ses moines, Silvacane
était habitée par des religieux dont l'établissement remonte
certainement au commencement du XIᵐᵉ Siècle, au plus
tard.

La vallée de la Durance, inculte, marécageuse, où crois-
saient seulement des joncs et des roseaux, (d'où le nom de
Silvacane), était, à cette époque, infestée de brigands. Les
frères *pontifes* [1], dont le siège principal était à Bon-Pas,
près d'Avignon, vinrent s'y fixer, pour protéger les voyageurs et assurer le passage dangereux d'un bac qui servait

[1] Faiseurs de ponts.

de communication entre les deux rives. Ils devaient avoir un gîte et surtout un lieu de prières. Un examen minutieux a fait reconnaître, en effet, dans les constructions actuelles de l'abbaye, en particulier dans le mur à droite du réfectoire et dans certaines parties du cloître, des matériaux qui portent les tailles et les marques des ouvriers carlovingiens, et qui ont appartenu à quelque chapelle antérieure. En même temps qu'ils donnèrent la sécurité à ces parages, les frères pontifes desséchèrent les marais et rendirent à la culture cette belle vallée jusqu'alors à peu près improductive.

Plus tard, cette communauté des frères pontifes devint un vrai monastère ; et c'est à eux probablement que furent faites les premières donations qui remonteraient à l'an 1030, si nous en croyons certain document conservé dans les manuscrits du Chapitre d'Aix.

Voilà les premières origines de Silvacane. Il n'est guère possible de marquer l'année précise pas plus que les circonstances qui amenèrent à Silvacane les moines de Sainte-Marie de Morimond, pour y construire, à l'endroit même où se trouvait l'établissement des frères pontifes, une abbaye selon les règles de l'ordre de Cîteaux, c'est-à-dire l'abbaye actuelle. Le premier de ses abbés, dont nous connaissions le nom, remonte à l'an 1155. Il n'est certainement pas le fondateur, puisque, d'après un document dont on possède l'authentique, Guillaume, seigneur de La Roque, faisait aux moines de Silvacane une donation importante en 1145.

C'est ce que nous avons trouvé de plus sûr et de plus précis sur les origines de l'abbaye de Silvacane. Le *Gallia christiana* fait donc erreur, lorsqu'il la dit fondée en 1147, par Raymond des Baux. Les auteurs du *Gallia christiana* ont confondu Raymond avec Bertrand des Baux. Celui-ci, mort en 1182, est appelé, en effet, le fondateur de l'église de Silvacane dans le *Rouleau des morts* [1] qui

---

1 *Ipse quidem nostræ fundator extitit ecclesiæ ; vivens inchoavit, mortuus perficere non desinit.* (Arch. des Bouches-du-Rhône. Fonds de Silvacane).

fut envoyé, après son décès, à tous les monastères de l'ordre. Il ne s'agit ici que de l'église. Commencée de son vivant, grâce à ses libéralités, elle ne fut terminée qu'après sa mort. Mais avant de mourir, il avait assuré, par ses largesses, l'achèvement de son œuvre.

D'après les archives de Silvacane qui existaient, à peu près intactes, dans le fonds du Chapitre de Saint-Sauveur d'Aix, et qui se trouvent maintenant aux archives départementales des Bouches-du-Rhône, on peut refaire la liste des abbés qui gouvernèrent l'abbaye depuis le milieu du XIIme Siècle jusqu'en 1455.

Sous l'abbé Gislebert (1455-1459), l'abbaye de Silvacane reçoit, en donation, des biens immenses. C'est Pons, abbé de Saint-André, près d'Avignon, qui lui cède les églises de Goiron et de Valbonette avec leurs dépendances ; c'est Guillaume de Pierre, abbé de Saint-Victor de Marseille, qui lui remet les prieurés de Saint-Victor de Gontard et de Saint-Etienne de Tresle (Saint-Estève de Janson) ; c'est Pons de Lubières, archevêque d'Aix, qui l'affranchit des dîmes qu'elle devait pour ses terres de Villelaure et de Cadenet.

Aussi l'abbaye prenait, de jour en jour, une importance plus considérable. Dès cette époque, ses abbés vont assister au Chapitre de Cîteaux, où ils signent avec le titre de *Sainte-Marie de Silvacane*. Leur sceau, conservé dans des documents originaux, représente l'abbé mitré, vu de face, avec la chasuble, tenant un livre et sa crosse tournée en dedans. Les personnages marquants de la contrée, Guillaume de Cadenet, Pierre du Vernègue, se font un honneur de lui donner leurs biens, ne demandant, en retour, pour tout privilège, que de venir reposer, après leur mort, dans son enceinte bénie.

A la fin du XIIme Siècle, Silvacane allait mettre le comble à sa gloire. La grande gloire pour une abbaye consistait, en effet, à fonder, avec ses propres ressources, d'autres abbayes. En 1187, les moines de Silvacane étaient assez nombreux, ses ressources assez abondantes pour que son abbé, Norbert, pût fonder au diocèse d'Apt, l'abbaye de Valsainte. Forte de l'impulsion reçue, cette fille de Silvacane vécut, non sans quelque célébrité, pendant trois siècles, et elle garda toujours les sentiments d'une piété vraiment filiale envers l'abbaye-mère qui lui avait donné le jour.

Ainsi l'abbaye de Silvacane n'avait pas un siècle d'existence et rien ne manquait plus à sa gloire. Mais cette prospérité même faillit être la cause de sa ruine. Ses grandes richesses autant que son renom excitèrent les convoitises de l'abbé de Montmajour qui ourdit un complot pour éloigner les Cisterciens et remplacer les moines blancs par des moines noirs, c'est-à-dire par les Bénédictins. Il en était déjà venu à des voies de fait. Sur ses ordres, des vagabonds soudoyés s'étaient emparés de quelques granges et s'y livraient à toutes sortes d'exactions pour intimider les moines et les amener à une prompte soumission. Ceci se passait en 1289. La cour royale d'Aix, avisée par Gautier, abbé de Silvacane, fit dresser l'inventaire des biens et des meubles de l'abbaye, et ordonna de chasser les envahisseurs. Gautier vint à Aix avec le procureur des abbés de Morimond et de Clairvaux et tous les abbés de la contrée, demander au sénéchal de Provence d'exécuter promptement les ordres du roi. L'abbé de Montmajour fut sommé, sous peine d'excommunication, de restituer leurs biens aux Cisterciens et de remettre en liberté les moines dont il s'était emparé. Mais ce ne fut que vers le commencement de 1290 que les troubles furent apaisés et que Montmajour laissa les fils de saint Bernard tranquilles possesseurs de Silvacane.

L'abbaye était à peine remise de l'agitation que cet orage avait amenée dans son sein, lorsque le Chapitre d'Aix vint lui chercher querelle (1298) en réclamant, comme une de ses dépendances, l'église de La Roque-d'Antheron. L'archevêque d'Aix dut intervenir pour juger le différend et sa décision fut favorable à Silvacane. Il nomma l'abbé curé de l'église de La Roque.

Pendant tout le XIVᵐᵉ Siècle, Silvacane jouit du repos

qu'elle méritait après toutes ces luttes, et son histoire ne nous offre rien de bien intéressant. Mais la décadence allait arriver, pour aboutir, après de longues vicissitudes et malgré de nobles efforts, à la ruine complète.

Dès le commencement du XVme Siècle, nous trouvons Silvacane dans la plus fâcheuse situation. Nous savons par les documents de cette époque que le nombre des moines avait considérablement diminué ; souvent même, ceux qui restaient ne gardaient pas la résidence régulière dans l'abbaye, au point que le service divin y était fréquemment interrompu. Les biens du monastère avaient été dissipés, et la pénurie était telle en 1407 que l'abbé Jean Salsine était obligé de vendre une croix d'argent doré, ornée de pierres précieuses et garnie de reliques, pour payer un subside de 63 florins.

A quelle cause attribuer ce changement et ces revers ? L'histoire de Silvacane est muette à ce sujet. Mais si nous consultons l'histoire générale de l'époque, nous constaterons que la misère était partout. Aux désastres, amenés par la guerre avec les Anglais, il faut ajouter tous les désordres, toutes les calamités accumulées par les divisions intérieures qui ruinaient les provinces. Le midi n'échappa point à ces infortunes. Dès lors, la prospérité privée, celle des églises et des monastères en particulier, ne pouvait que faire naufrage au milieu de tant de malheurs publics.

Toutefois Silvacane trouva dans Antoine de Boniface (1425) un abbé qui devait prendre à cœur ses intérêts et retarder, sinon empêcher, sa ruine. Antoine obtint d'abord que l'abbé de Cîteaux réunît à Silvacane l'abbaye de Val-sainte qui ne pouvait plus se suffire. Puis il se rendit en Italie, auprès de Louis III, roi de Naples et comte de Provence, prêta serment entre ses mains et rapporta de son voyage de nombreux privilèges pour son abbaye.

Pendant quelques années, Silvacane jouit, grâce à lui, d'un regain de prospérité. Mais Jean du Bouchage, qui devint abbé vers 1443, n'eut pas le même zèle. C'est sur lui que retombe la suppression de l'abbaye de Silvacane, à laquelle il se prêta avec une incroyable facilité, n'ayant qu'un souci, celui de s'assurer à lui-même les conditions les plus avantageuses dans le naufrage de son monastère. Il était à peine en possession de la stalle abbatiale que les chanoines d'Aix lui demandèrent de renoncer à son bénéfice et de consentir à l'union de Silvacane au Chapitre de Saint-Sauveur. Jean du Bouchage, incapable de lutter contre les revers, accorda tout, moyennant une forte pension et divers privilèges qui devaient améliorer sa situation personnelle. Les deux parties recoururent aussitôt à Rome pour obtenir l'approbation canonique. Elles représentaient au Souverain Pontife, d'une part, que l'abbaye n'avait plus que deux ou trois moines, qu'elle était réduite à une extrême pauvreté et que l'abbé se trouvait dans l'impuissance de défendre ses droits et de recouvrer ses biens dilapidés ; de l'autre, que l'Eglise d'Aix avait vu ses revenus tellement amoindris qu'elle ne pouvait plus suffire à l'entretien de ses vingt chanoines et à la décence du culte divin. La réunion de Silvacane au Chapitre permettrait de donner la solennité nécessaire aux offices de Saint-Sauveur, et d'établir un service convenable et assuré dans l'abbaye.

Le pape Eugène IV accorda tout ce qu'on demandait. Par une bulle, en date du 21 décembre 1443, il chargea le prévôt de la cathédrale de Marseille de s'informer de l'exactitude des faits allégués. Dans le cas où il en constaterait la réalité, il était délégué pour recevoir la démission de Jean du Bouchage, et autorisé à transférer en d'autres maisons de leur ordre les moines de Silvacane, à supprimer de ce monastère le nom et la dignité d'abbé et à l'annexer pour toujours au Chapitre d'Aix. Le prévôt de Marseille, Pierre Veillon, était en même temps chanoine d'Aix. On pouvait prévoir quel serait le résultat de son enquête. Le 28 avril 1444, le sort de Silvacane était fixé: le juge prononçait l'arrêt qui donnait l'abbaye au Chapitre.

Mais l'abbé de Cîteaux ne pouvait accepter, sans protester, cette spoliation. Il s'empressa de dénoncer ce jugement au pape, par son procureur en cour de Rome. Nicolas V,

successeur d'Eugène IV, cassa aussitôt tout ce qui avait été
fait. Ses bulles du 25 janvier 1449 remirent les choses dans
leur état primitif, et, sur la demande des intéressés, Nicolas
de Brancas, évêque de Marseille, fut mis à la tête du monastère rétabli, en qualité d'abbé commendataire. C'était un
puissant protecteur donné à Silvacane. Le crédit dont ce
prélat jouissait à Rome et auprès du comte de Provence
semblait devoir sauver de sa ruine l'abbaye dont la suppression était si ardemment désirée.

Le Chapitre d'Aix ne rendit pourtant pas les armes. Il
recourut encore au Saint-Siège et obtint que la cause fût
de nouveau jugée. Puis, prévoyant sans doute la perte de
son procès, il usa de moyens plus habiles et dont le succès
paraissait plus sûr. Les chanoines de Saint-Sauveur donnèrent à l'évêque de Marseille la première dignité du
Chapitre métropolitain. Mgr de Brancas, devenu prévôt
d'Aix, et jouissant, comme tel, des revenus de la prévôté,
renonça en effet à la commende de l'abbaye de Silvacane,
au profit des chanoines, ses collègues. Les choses en restèrent là tant que vécut Nicolas V. Mais à sa mort, sur de
nouvelles instances, Calixte III, son successeur, accepta la
démission de Mgr de Brancas et, renouvelant l'acte
d'Eugène IV, incorpora définitivement Silvacane au Chapitre d'Aix. La bulle est datée du 19 mai 1455.

Ainsi succomba l'abbaye de Silvacane devant le malheur
des temps et la coupable faiblesse de ceux qui étaient les
défenseurs nés de ses intérêts. Ainsi finit ce foyer célèbre
de la vie religieuse qui, pendant de longues années, avait
jeté tant d'éclat et répandu tant de bienfaits sur toute la
Provence. Silvacane avait vécu trois siècles entiers. Elle ne
s'est jamais relevée de ses ruines.

Le service convenable auquel s'était engagé le Chapitre
d'Aix consista en une simple messe que disait à Silvacane
un prêtre qui résidait tantôt à La Roque-d'Anthéron,
tantôt dans les bâtiments du monastère. Et il en fut ainsi,

sauf quelques lacunes plus ou moins fréquentes, jusqu'à la fin du siècle dernier.

Durant ces trois siècles, la vieille abbaye sortit cependant quelquefois du silence de mort qui planait sur elle. Lorsque, en 1516, la peste éclata à Aix, le Chapitre, plein d'une paternelle sollicitude pour les enfants de la Maîtrise, envoya ses clergeons avec leur maître de musique respirer l'air pur sous les frais ombrages de Silvacane. La peste n'y fit aucune victime. Aussi en 1580, à la première réapparition du fléau, les six enfants qui étaient restés pour le service du chœur de la métropole partaient sur deux ânes, le 14 septembre, et revenaient demander à Silvacane l'asile qu'elle avait donné à leurs devanciers. Ils y séjournèrent jusqu'en avril 1581. La nouvelle peste de 1629 ramena la Maîtrise à son refuge ordinaire le 25 octobre, et, cette fois, les rigueurs du fléau prolongèrent sa villégiature jusqu'au 18 juillet 1630. Du moins, pendant ces divers séjours, les voûtes de Silvacane retentirent de nouveau des louanges de Dieu, et leurs échos, longtemps silencieux, se mêlèrent aux harmonies que les enfants de chœur firent monter vers le ciel. Ce n'était plus, il est vrai, la voix mâle, la psalmodie austère des moines ; mais les vieilles nefs de la vaste basilique se sentaient revivre et rajeunir, en prêtant leur immensité sonore aux douces et fraîches mélodies de ces jeunes artistes, émules intelligents des rossignols d'alentour. Et le cloître de l'abbaye, et le dédale des longs corridors claustraux, habitués à la grave démarche, aux austères propos des Cisterciens, se trouvaient étonnés de protéger aujourd'hui les joyeux ébats, les mille cris, les courses folles de cette heureuse jeunesse. Singulière coïncidence qui amenait, un moment, au sein du silence et presque de la mort qui enveloppaient le vieux monastère, ce qu'il y a de plus vivant, de plus gai et de plus mélodieux.

Entre ces deux dernières années, vers la fin du XVIme Siècle, la solitude de Silvacane avait été interrompue par des harmonies toutes différentes de celles que faisaient entendre les clergeons de Saint-Sauveur.

Nostradamus raconte qu'à l'époque de la Ligue quelques aventuriers qui vivaient de rapines, au détriment du territoire d'Aix, s'étaient fortifiés dans l'abbaye de Silvacane, « où se trouvoit un beau temple dépendant de St-Sauveur « d'Aix, qui ne monstre pour cejourd'huy que quelques « vastes et nobles fragments de son antique magnificence ». Ils furent assiégés par un chef des ligueurs qui canonna le monastère pendant trois jours et s'en empara. Les défenseurs furent acculés dans un jas, taillés en pièces et jetés dans la Durance.

A l'époque de la Révolution, l'abbaye fut vendue avec les biens qu'elle possédait. Elle est aujourd'hui encore habitée par le propriétaire qui a transformé une partie de ses bâtiments en métairie.

L'église. — L'église a été rachetée par l'Etat et classée parmi les monuments historiques. C'est, sans contredit, la partie la plus remarquable et la plus ancienne de l'abbaye. Son plan est particulier à l'ordre de Cîteaux et rappelle bien les églises de Sénanque et du Thoronet. Elle se compose de trois nefs, coupées par un large transept et communiquant entr'elles par quatre arcades d'une ogive assez prononcée. Ses voûtes en berceau sont légèrement ogivales ; celles des bas côtés n'existent à peu près qu'aux deux tiers ; elles s'appuient contre la nef centrale un peu au-dessous de la pointe de leur ogive.

La grande nef se termine par une abside carrée, et non pas circulaire ou polygonale, percée de trois ouvertures surmontées d'une rose. Elle est décorée, à gauche, d'une sorte de niche gothique du XVme Siècle, très élégante, mais très mutilée, avec dais, pinacles, crosses végétales, panneaux à ogives trilobées : elle porte l'écusson de Saint-Sauveur et plusieurs autres armoiries ; sur les côtés, des crédences cintrées et de grands arcs ogivaux. La grande nef n'a point de fenêtre ni au nord ni au midi ; elle se trouve éclairée par la façade occidentale, les bas-côtés et le transept qui est percé au midi de trois fenêtres assez larges.

Dans chaque branche du transept sont deux chapelles ou mieux deux petites absides, placées de front avec la grande. Elles se terminent, comme l'abside principale, par un mur droit, percé d'une ouverture cintrée. Elles sont décorées d'arcatures cintrées au fond et ogivales sur les faces latérales ; leurs voûtes sont aussi coupées par des nervures massives qui reposent sur des colonnes à chapiteaux ornés de larges feuilles d'eau. Chacune de ces absides avait un autel fait avec des pierres de taille superposées formant un long carré ; il n'en reste plus qu'un d'entier. Celui de l'abside principale a été remplacé par un autel moderne en bois, qui n'a rien de bien architectural. Sur cet autel on érigea, en 1855, après la proclamation du dogme de l'Immaculée Conception, une grande statue de la sainte Vierge. C'était le 25 mars, fête de l'Annonciation qui est le titulaire de Silvacane. La religieuse population de La Roque-d'Antheron se porta en foule vers l'antique abbaye qui pour la première fois, depuis la Révolution, sortait de son silence et redisait au ciel quelques-uns de ses échos d'autrefois.

Le dallage de l'église a entièrement disparu. Le sol était beaucoup plus haut dans la nef du sud que dans le reste de l'édifice.

Sur la façade occidentale s'ouvre une porte centrale, décorée de trois voussures qui portent sur deux colonnettes de chaque côté, aujourd'hui absentes, mais dont les chapiteaux variés subsistent encore et renferment à gauche des feuilles et des fleurs. Le tympan porte un écusson ajouté plus tard avec les armes de Saint-Sauveur, l'agneau et la croix. Au-dessus de la porte sont trois fenêtres cintrées et une grande rose à moulures toriques, dont les meneaux sont brisés ; au-dessous de cette rose se trouvent encore trois petits ornements creux et arrondis, placés en forme de triangle, image symbolique de la Sainte Trinité. Chacun des bas-côtés a aussi sa porte avec linteau saillant et orné, et une petite fenêtre au-dessus.

L'ensemble de l'église, à l'extérieur, est sévère ; ses grandes proportions aussi bien que les contreforts dont elle est flanquée lui donnent un aspect monumental. Les toitures, supportées par des corniches qui circulent autour de l'édifice, étaient autrefois dallées ; mais à travers le dallage, en partie détruit, elles avaient été envahies par une végétation parasite très luxuriante qui avait élevé sur ces voûtes de vrais bosquets aériens. Toute la couverture a été refaite, en tuiles, il y a quelque vingt-cinq ans, sous la direction de la Commission des monuments historiques. Cette restauration en a altéré le caractère primitif.

Il existe aussi, à côté du transept méridional, une petite tour carrée, percée de meurtrières destinées à éclairer un escalier en colimaçon qui conduit sur la toiture et de là au clocher, tour carrée qui s'élève sur l'abside principale. La pyramide qui surmontait cette tour a disparu ; il ne reste plus qu'un clocheton angulaire et les colonnes à chapiteaux qui divisent les fenêtres cintrées.

Comme on en peut juger par cette description très imparfaite, l'église de Silvacane appartient à l'époque de transition du roman au gothique. Si les voûtes, les arcades accusent une tendance ogivale très prononcée, l'ensemble et la plupart des détails sont d'un roman pur, dont la sévérité s'est accrue ici de l'austérité monacale que saint Bernard voulait dans toutes les constructions de son ordre. Toutefois on semble être sorti quelque peu à Silvacane du puritanisme artistique de l'abbé de Clairvaux. L'ornementation est plus riche, les sculptures plus nombreuses et mieux travaillées qu'ailleurs. Aussi quelle émotion vous saisit quand on pénètre sous ces vastes nefs, pleines de lumière, où l'harmonie des lignes, le grandiose des dimensions, la régularité de l'ensemble forment un si beau contraste avec la sobriété des sculptures, la nudité austère des murailles et des colonnes et les inégalités capricieuses d'un sol dépavé ! A ce contraste de grandeur religieuse et de simplicité monacale, éclairé par un beau soleil qui a ses entrées libres dans l'édifice, ajoutez le silence de mort des temples vides, et vous aurez une idée de l'impression que l'on éprouve devant ce monument, l'un des plus remarquables de l'art religieux au XIIme Siécle.

Cloître — Le cloître, qui est adossé contre l'église, au nord, est à peu près carré. Il est percé de vingt arcades cintrées, dont les piliers intérieurs ont été détruits. Elles reposent sur des pilastres à chapiteaux, décorés de larges feuilles ou de crosses végétales d'une grande richesse sculpturale. Les voûtes des galeries sont cintrées, à berceau, sans traces d'ogive et en fort bon état. Mais la conservation du cloître, dans son ensemble, laisse à désirer : les arceaux romans, les pilastres décorés de naïves sculptures, dépouillés des colonrettes qui ajoutaient un caractère d'élégance à cette architecture sévère, sont à demi cachés par la végétation qui a pris possession du sol, et au milieu un magnifique figuier, à l'abri des secousses du mistral, mûrit avec béatitude ses figues au soleil.

Salle capitulaire. — La salle capitulaire est admirablement conservée et forme à elle seule un vrai bijou d'architecture par la noblesse de son style et le fini de ses détails. On sent qu'elle occupait la première place dans la prédilection de ces moines architectes à qui nous devons les plus beaux monuments religieux du Moyen-Age. Nous y pénétrons par une porte cintrée, placée dans la galerie orientale du cloître. La voûte ogivale, à croisillons massifs, est composée de six compartiments et supportée par deux piliers remarquables dont l'un tordu et l'autre cannelé. Les chapiteaux de ces piliers sont admirablement décorés de feuilles d'eau, de branches de palmier, de fleurs, de pommes de pin dont l'ensemble est très riche. Cette salle prend jour vers l'est par trois fenêtres cintrées. Et dire que ce bijou d'architecture, ce sanctuaire de la vie monastique pendant trois siècles, est aujourd'hui transformé en écurie !

Bâtiments claustraux. — Les bâtiments claustraux, dans lesquels on pénètre par un escalier placé à côté de la salle capitulaire, n'offrent rien de bien remarquable. Ils sont, en grande partie, appropriés à l'usage d'une ferme et le propriétaire en a coupé les anciens dortoirs par des cloisons. La partie de ces constructions, qui est au nord et qui comprend le réfectoire et la cuisine, est très intéressante. C'est une addition du commencement du XIVme Siècle. L'art ogival y éclate dans toute sa splendeur. Le réfectoire est une vaste et belle salle, à voûtes ogivales d'une grande hauteur. Les chapiteaux des colonnes sont charmants, les fenêtres très élégantes. Une belle rose décore la façade occidentale. La petite salle du même style, placée à côté du réfectoire et qui servait probablement de cuisine, est aussi très belle avec sa voûte et ses grandes arcatures ogivales; on y remarque une ancienne cheminée aujourd'hui mutilée. Au nord de ces constructions, se trouve une autre salle dont la destination est très mystérieuse ; elle recevait du jour par un orifice placé dans la voûte, d'où l'on descendait par une sorte d'échelle de pierre accrochée au mur. Cette aile est reliée à l'église, d'un côté par le cloître; de l'autre par les bâtiments où étaient les cellules des moines. Tout cet ensemble est en assez bon état, malgré les détériorations inévitables, occasionnées par les changements de destination. Dans le réfectoire on remise aujourd'hui du fourrage. Aussi les fenêtres sont aveuglées par des cloisons en maçonnerie ; et les pigeons font leur nid dans les angles , sur les corniches, et tiennent chapitre, les jours de beau temps, sur le clocher de l'église ou dans le potager de la ferme.

Voilà Silvacane avec son auréole huit fois séculaire, avec sa belle histoire, avec ses richesses artistiques incomparables. Et que dire du site admirable qui sert de cadre à ce bijou d'architecture, à ce sanctuaire de si glorieux souvenirs ? Placée à quelques centaines de mètres de la Durance, dans cette vallée aussi riche de végétation que pittoresque d'aspect, sur le penchant d'un monticule qu'une route moderne et la nouvelle ligne du chemin de fer séparent de la

Trévaresse, la vieille abbaye est arrosée par un adorable ruisseau d'une limpidité de cristal, qui ne tarit jamais et entretient dans tous les environs une délicieuse fraîcheur. Les profonds ombrages qui cachent à demi ses vastes et lourdes constructions, les tapis de verdure et de fleurs qui s'étendent à ses pieds, dissimulent, sous leur éternelle jeunesse, les ravages que les ans ont faits à l'antique édifice et la teinte grisâtre de ses murailles. Comme ces moines s'entendaient à choisir le lieu de leur retraite et de leur prière ! Et comme Dieu se plaisait à les dédommager de l'austérité de leur vie par les nobles et pures jouissances que donne le spectacle d'une ravissante nature !

Il serait bien à désirer que l'État fît l'acquisition du cloître et de l'abbaye tout entière, et ne se contentât pas de restaurations imparfaites qui arrivent à peine à empêcher l'édifice de tomber. On peut voir s'il en vaut la peine.

L'église de Silvacane, rendue au culte dès le commencement de ce siècle, voit encore quelquefois les fidèles se réunir dans ses murs. Chaque année, tantôt le 25 mars, tantôt pendant le mois de mai, le curé de La Roque y appelle ses paroissiens qui accourent en foule vers l'antique abbaye. En 1859, grâce à leur générosité, le clocher de Silvacane retrouva sa voix depuis si longtemps perdue, et fit entendre aux échos d'alentour les sons argentins d'une vraie cloche de monastère. Mgr Chalandon voulut lui-même la bénir et donner en même temps le sacrement de Confirmation dans l'église de Silvacane aux enfants de la paroisse. Ce fut un beau jour pour la vieille basilique. Rajeunie sous les immenses guirlandes de verdure et de fleurs et les décorations de toutes sortes qui cachaient sa nudité, elle était belle surtout, vivante par les foules qui débordaient de ses nefs, par les chœurs de jeunes filles dont le blanc vêtement rappelait la blanche bure des Cisterciens, par la splendeur des chants qui résonnaient sous ses voûtes et des cérémonies pontificales qui se déroulaient dans sa belle abside. Du haut d'une chaire improvisée, nouveau saint Bernard, M⁼ʳ Chalandon célébra les gloires de la vierge Marie dans cette enceinte qui redisait, il y a 800 ans, les mêmes échos. En terminant, il nous en souvient, il fit des vœux dont l'émotion frappa notre jeune intelligence. Il demandait à la Reine du ciel, à N. D. de Silvacane, de susciter un restaurateur qui vînt rajeunir ces vieilles gloires et repeuplât avec les fils du cloître ces solitudes monastiques.

Nous quitterons Silvacane, en redisant, nous aussi, le même vœu. Oui, puisse cette antique et célèbre abbaye revivre un jour ! Puissent ces voûtes, aujourd'hui muettes, retrouver leurs premiers accents ! Puissent les chœurs des moines, chantant matines, interrompre à nouveau le silence de ses nuits, animer ses solitudes et faire monter vers Dieu le *Laus perennis*, l'hymne de louange que nos pères avaient voulu éternel ! [1]

---

1 Pour des détails plus précis au point de vue architectonique et historique, on pourra consulter la savante brochure de M. L. Rostan et celle de M. le chanoine Albanès, qui nous ont aidé, dans cette notice, à compléter nos souvenirs personnels.

EXCURSION D'AIX

AU BASSIN DE SAINT - CHRISTOPHE

—

Nous ne quitterons pas Silvacane sans engager nos touristes à visiter, soit à l'aller soit au retour, le **Bassin de Saint-Christophe**, qui serait, à lui seul, un but d'excursion très intéressant, quoique à d'autres titres que l'antique abbaye. On ne saurait voir l'un sans visiter l'autre, puisque Saint-Christophe [1] se trouve sur la route d'Aix à Cadenet, trois kilomètres environ avant d'arriver à Silvacane. C'est faire d'une pierre deux coups.

Le Bassin de Saint-Christophe, situé à 13 kilomètres environ de la prise du Canal de Marseille, a pour but de décanter les eaux de la Durance qui deviennent souvent très bourbeuses, soit à la suite des crues fréquentes de la rivière, soit par la fonte des neiges. Il est un grand bienfait pour la ville de Marseille à laquelle il fournit des eaux ordinairement très claires, souvent limpides, quelquefois peut-être un peu louches, mais toujours potables.

La première pierre du Bassin fut posée le 26 juillet 1876. La dépense devait s'élever à 1,900,000 fr. D'après le cahier des charges, les travaux devaient être terminés dans l'espace de deux ans. Ils ne le furent, en réalité, qu'au mois d'octobre 1880, soit à cause des fréquents changements survenus dans la direction du Canal de Marseille, soit à cause des lacunes du plan d'ensemble qui amenèrent de nombreux tâtonnements dans l'exécution des ouvrages de détail. Il n'a commencé à fonctionner qu'en 1884.

Le Bassin de Saint-Christophe est situé au nord du dé-

1 La ligne de Meyrargues à Eyguières a une *halte* au Bassin de Saint-Christophe.

partement des Bouches-du-Rhône, tout près de la Durance, dans un vallon resserré, fermé à l'aval par un barrage en remblai de pierrailles, recouvert de maçonnerie. Sa superficie mesure 20 hectares, sa profondeur maxima, contre le barrage, 20 mètres 50. Sa capacité est de deux millions de mètres cubes.

Il est délimité par un canal maçonné de 6 m. 50 de large dont les murs sont horizontaux et le fond ou radier en pente. Ce canal faisant tout le tour du bassin a pris le nom de *canal de ceinture*. Sa profondeur est de 2 m. 55 à l'amont et de 2 m. 75 à l'aval. Le fond du bassin est sillonné d'un grand nombre de rigoles maçonnées, ayant toutes leur origine au pied du mur du canal de ceinture et venant aboutir à un canal collecteur qui traverse le bassin dans toute sa longueur. Ce collecteur est fermé, au pied du barrage, par trois vannes qui commandent trois aqueducs de fuite. Il traverse ensuite le barrage et il se prolonge jusqu'à la Durance, au-dessous de la prise du Canal de Craponne. La partie de ce canal comprise entre le barrage et la Durance prend le nom de *canal évacuateur*.

Les eaux du Canal de Marseille arrivent à l'une des extrémités du barrage. Elles sont introduites dans le Bassin par un canal voûté et maçonné de forme cylindrique venant déboucher à 17 mètres au-dessous du plan supérieur. On l'a appelé *canal d'introduction*.

Le bassin reçoit les eaux du Canal de Marseille par le canal d'introduction. Elles arrivent donc par le fond du bassin et se dépouillent de leur limon en remontant à la surface. Dans les bassins, construits avant celui de Saint-Christophe, la décantation se faisait de haut en bas, les matières troubles plus lourdes que l'eau se précipitant peu à peu dans le fond. L'expérience a démontré que la décantation de bas en haut était beaucoup plus rapide. Aussi, après quelques essais, l'a-t-on pratiquée définitivement au bassin de Saint-Christophe

Les eaux qui entrent dans le bassin y séjournent environ 36 heures lorsque le bassin est nouvellement dévasé, et de moins en moins au fur et à mesure qu'il est encombré par les vases. Lorsque les eaux introduites arrivent à la surface, elles sont recueillies sur tout le pourtour par le canal de ceinture dont le mur intérieur est crénelé d'environ 1200 martelières faisant office de déversoirs de superficie. Le canal de ceinture les porte ensuite dans le canal de Marseille.

Avant de procéder à l'opération du dévasement, on ferme le canal d'introduction au moyen d'un système de vannage établi dans ce but. Les eaux, alors, n'entrent plus dans le bassin et sont conduites directement au canal de Marseille par un des côtés du canal de ceinture. On vide ensuite le bassin par les vannes du fond, et les vases accumulées pendant la période de fonctionnement sont mises en évidence.

Le dévasement se fait d'ordinaire au mois d'octobre, soit parce que les eaux de la Durance sont peu chargées à cette époque, soit surtout parce que l'on peut disposer d'un volume d'eau beaucoup plus considérable par suite de la suppression des arrosages. Le volume disponible est entièrement utilisé pour le dévasement. Il est distribué dans les rigoles à l'aide de vannettes correspondant à autant de martelières ménagées dans le mur intérieur du canal de ceinture, et il doit emporter la vase accumulée dans les rigoles. Toutefois, comme les rigoles n'ont qu'une pente légère, la couche de limon résiste d'ordinaire à ce courant. Il faut alors que des ouvriers viennent avec de longues pelles creuser des sillons dans la vase durcie afin que l'eau puisse la détacher plus facilement, opération aussi longue que coûteuse, et qui vient de ce qu'on a donné aux rigoles une pente insuffisante.

La quantité de vase retenue dans le bassin est en moyenne de 350 à 400,000 mètres cubes par an. Exceptionnellement, d'octobre 1886 à octobre 1887, elle a atteint le chiffre énorme de 800,000 mètres cubes. C'est l'année des plus fortes crues du siècle. On a dû dévaser deux fois le bassin pendant cette période.

Parmi les ouvrages qui composent le bassin de Saint-Christophe, deux ont une grande importance et méritent d'être signalés : les *siphons-déversoirs* et la *chambre de manœuvre*.

Les deux *siphons* qui font office de déversoirs de superficie sont formés de tuyaux en fonte de 1 m. 15 de diamètre et de 30 m. de longueur. Ils sont logés dans un puisard, maçonné en saillie sur le barrage. Leur fonctionnement dépend du mouvement de l'eau dans le bassin. Une augmentation ou un abaissement d'une fraction de millimètre suffit pour les amorcer ou les désamorcer. Les appareils d'amorcement et de désamorcement sont très intéressants, et aussi simples, en fait, que compliqués en apparence. Cette double opération se fait automatiquement sans le secours d'aucune manœuvre. Il suffit de placer au préalable les appareils au niveau que l'on veut assigner au plan d'eau du bassin. Il faut 55 secondes pour l'amorcement, 25 pour le désamorcement. Le débit total de chaque siphon est de 8 à 9 mètres cubes par seconde.

A l'extrémité d'une galerie voûtée qui traverse le barrage dans sa partie la plus large, on a ménagé un vide ou chambre de 8 m. 50 de longueur sur 3 m. 30 de diamètre. La forme de ce vide ressemble assez bien à un bouilleur de machine à vapeur. On l'a nommée *chambre de manœuvre*, parce que c'est là que se font toutes les manœuvres ayant pour but d'ouvrir le bassin pour la vidange ou de le fermer pour le remplissage. Au-dessous sont disposés les trois aqueducs de 0 m. 90 d'ouverture, précédant une galerie voûtée dans laquelle ils débouchent et qui forme la naissance du grand canal évacuateur. Les vannes, qui ferment l'orifice de ces aqueducs et dont il a été parlé plus haut, ont un mètre carré de surface; elles sont en fonte, avec de fortes nervures disposées en damiers et à caissons; leurs côtés et leurs coulisseaux sont ferrés en bronze. L'ensemble des appareils, cylindres, tuyaux, presses hydrauliques, pompe à pression, destinés à faire manœuvrer les vannes, est très remarquable et résume les progrès les plus

récents de l'hydraulique. Sans entrer dans les détails
techniques de leur fonctionnement qu'il vaut mieux voir
sur place que lire dans un livre, qu'il nous suffise de dire,
pour en donner une idée, que, au moyen de la pompe à
pression, un homme seul peut, sans grand effort sur le
levier, manœuvrer une vanne dans l'espace de dix minutes;
alors que, le bassin étant plein d'eau, la pression exercée
nécessite une force de 25,000 kilos pour monter la vanne
et un peu moins pour la descendre. Le levier de la pompe
à pression est disposé pour être manœuvré par trois hommes à la fois ou par un seul. Il faut 7 minutes à trois
hommes pour monter une vanne, 5 pour la descendre.

Comme on peut en juger, le Bassin de Saint-Christophe
mérite d'être vu. Indépendamment des ouvrages d'hydraulique que tous ne peuvent pas apprécier, le spectacle qu'il
offre, avec sa belle nappe d'eau qui transforme tout ce
vallon en un immense lac, vaut à lui seul une visite. Nous
allons quelquefois chercher bien loin ce que nous trouve-
rions tout à côté de nous.

MONUMENTS

ET OBJETS D'ART DE LA RÉGION

DONT LA CONSERVATION INCOMBE A L'ÉTAT
(Loi du 30 mars 1887)

———————◆———————

MONUMENTS HISTORIQUES

I. Monuments mégalithiques.—*Alpes Maritimes :* Saint-Césaire : dolmen.

Bouches-du-Rhône : Fontvieille : allées couvertes de Cordes.

Var : Draguignan : dolmen. — Cabasse : menhir de Champdumy.

II. Monuments antiques.—*Basses-Alpes :* Céreste : deux ponts romains. — Riez : colonnes antiques.

Hautes-Alpes : Chorges : restes d'un temple antique transformé en église.

Alpes-Maritimes : Cimiez : arènes. — La Turbie : ruines de la Tour d'Auguste. — Vence : colonnes romaines.

Bouches-du-Rhône : Aix : camp d'Entremont, bains de Sextius. — Arles : amphithéâtre, forum, colonne, obélisque, palais de Constantin, théâtre, aqueduc. — Marseille : caves de Saint-Sauveur.—La Penne : pyramide.—Saint-Chamas : pont Flavien.—Saint-Remy : arc-de-triomphe, mausolée. —Salon : murailles et fragments romains.—Vernègues : tombeaux, temple de la Maison-Basse.

Var : Fréjus : amphithéâtre, aqueduc, porte Dorée, restes du quai de l'ancien port, restes des remparts, citadelle, restes des thermes.

Vaucluse : Apt : pont Julien.—Cadenet : vasque antique dans l'église.—Carpentras : arc antique dans la cour du palais de justice.— Cavaillon : arc antique.—Orange : arc antique dit de Marius, amphithéâtre, théâtre.—Vaison : pont romain, amphithéâtre.

III. Monuments du moyen-âge, de la renaissance et des temps modernes.—*Basses-Alpes :* Allos : église Notre-Dame de Valvert.—Barcelonnette : tour de l'horloge.—Digne : église Notre-Dame (ancienne cathédrale.—Ganagobie : porte de l'église.—Gréoulx : château des Templiers.—Manosque : clocher de l'église, porte de la Saunerie.—Seyne : église.—Simiane : rotonde.— Sisteron : église, restes de l'ancienne enceinte.

Hautes-Alpes : L'Argentière : chapelle Saint-Jean.—Chorges : église.—Embrun : église Notre-Dame (ancienne cathédrale.—Tallard : chapelle du château.

Alpes-Maritimes : Ile Saint-Honorat : château, chapelle St-Sauveur, chapelle de la Trinité, ancien cloître, bas-relief au-dessus de la porte est de l'église St-Honorat.—Vence : bas-reliefs mérovingiens dans l'ancienne cathédrale.

Bouches-du-Rhône : Aix : cathédrale Saint-Sauveur et cloître, église Saint-Jean, tour de l'horloge, maisons de la renaissance.—Arles : chapelle des Porcelets aux Aliscamps, chapelle Sainte-Croix de Montmajour, ancienne abbaye de Montmajour, ancienne église Sainte-Anne (aujourd'hui musée lapidaire), église basse Saint-Césaire, église et cloître Saint-Trophime, église Saint-Honorat-des-Aliscamps, monuments des Aliscamps.—Les Baux : château, remparts, maisons, église, pavillon de Mistral.—Châteauneuf-les-Martigues : chapelle de Sainte-Cécile [1]. — Marseille : église de l'abbaye St-Victor et souterrains, église de la Major.—Les Saintes-Maries : église. — Saint-Remy : maison du Planet, cloître (aujourd'hui asile d'aliénés).—Salon : église Saint-Laurent.—Tarascon : château, église Sainte-Marthe, chapelle de Saint-Gabriel, tour de Saint-Gabriel.—La Roque-d'Antheron : ancienne abbaye de Silvacane.

Var : Le Cannet-du-Luc : église.—La Celle : restes de l'abbaye.—Fréjus : cathédrale, cloître et baptistère.—Hyéros : église Saint-Louis, restes du château.—Saint-Maxi-

---

1 Cette chapelle ne sera classée que lorsque la commune aura fait procéder aux grosses réparations à sa charge.

min : église.—Six-Fours : église et cripte.—Solliès-Ville : église.—Le Thoronet : ancienne abbaye.

Vaucluse : Apt : ancienne cathédrale.—Avignon : cathédrale Notre-Dame-des-Doms, église St-Pierre, restes du couvent des Célestins (auj. pénitencier militaire), ancien hôtel des monnaies (auj. conservatoire de musique), chapelle et pont Saint-Bénézet, palais des papes, tour de l'ancien hôtel-de-ville, remparts, restes de l'abbaye de St-Ruff. —Caromb : église.—Carpentras : ancien palais du légat (auj. palais de justice), église St-Siffrein (anc. cathédrale), Hôtel-Dieu.—Cavaillon : ancienne cathédrale.—Cordes : abbaye de Sénanque.—Malaucène : chapelle du Groseau.—Monteux : Porte-Neuve.—Pernes : église, tour de Ferrande.— Le Thor : église.—La Tour-d'Aigues : façade et pavillon central du château.—Vaison : ancienne cathédrale et cloître, chapelle St-Quenin.—Valréas : église.—Vaucluse : église.—Venasque : baptistère.

TABLE DES MATIÈRES

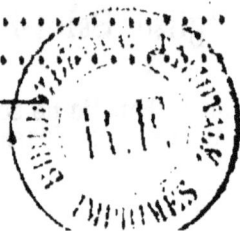

www.ingramcontent.com/pod-product-compliance
Lightning Source LLC
Chambersburg PA
CBHW072024080426
42733CB00010B/1806